简明大历史

THE LITTLE BOOK OF BIG HISTORY

[英]伊恩·克夫顿　杰里米·布莱克　著

Ian Crofton
&
Jeremy Black

湖南文艺出版社　博集天卷
HUNAN LITERATURE AND ART PUBLISHING HOUSE　CS-BOOKY

图书在版编目（CIP）数据

简明大历史/（英）伊恩·克夫顿（Ian Crofton），（英）杰里米·布莱克（Jeremy Black）著；于非译. —长沙：湖南文艺出版社，2018.1

书名原文：The Little Book of Big History: The Story of Life, the Universe and Everything

ISBN 978-7-5404-8360-9

Ⅰ. ①简…　Ⅱ. ①伊…②杰…③于…　Ⅲ. ①世界史—通俗读物　Ⅳ. ①K109

中国版本图书馆CIP数据核字（2017）第260688号

著作权合同登记号：图字18-2017-016

上架建议：人文·社科

JIANMING DA LISHI
简明大历史

作　　者：［英］伊恩·克夫顿（Ian Crofton）　［英］杰里米·布莱克（Jeremy Black）
译　　者：于　非
出 版 人：曾赛丰
责任编辑：薛　健　刘诗哲
监　　制：蔡明菲　邢越超
特约策划：张思北
特约编辑：蔡文婷
版权支持：文赛峰
版式设计：李　洁
封面设计：主语设计
出版发行：湖南文艺出版社
　　　　　（长沙市雨花区东二环一段508号　邮编：410014）
网　　址：www.hnwy.net
印　　刷：北京中科印刷有限公司
经　　销：新华书店
开　　本：880mm×1270mm　1/32
字　　数：215千字
印　　张：10
版　　次：2018年1月第1版
印　　次：2018年1月第1次印刷
书　　号：ISBN 978-7-5404-8360-9
定　　价：49.80元

质量监督电话：010-59096394
团购电话：010-59320018

第一章　大背景

THE LITTLE BOOK OF
BIG
HISTORY

第二章　动物星球

第三章　人类主宰地球

THE LITTLE BOOK OF
BIG
HISTORY

第四章 文明

第五章 西方的崛起

第六章　现代世界

THE LITTLE BOOK OF
BIG
HISTORY

第一章　大背景

　　我们是如何出现在地球上的？说来话长。但不管从哪个角度讲，想弄清楚人类的历史，都绕不开宇宙空间的故事。因此，要真正地了解自己，我们必须弄清楚宇宙是如何形成的，恒星和行星的诞生过程，以及为什么我们的星球会出现适合生命繁衍的条件。我们还需要了解生命是怎样存在、进化和消亡的——包括我们自己。

时间表

Timetable

138亿年前
宇宙形成于一次大爆炸。

46亿年前
我们所处的太阳系形成，包括了太阳、地球以及其他行星。

45亿年前
月球形成，可能源于地球与一颗火星大小的行星发生的碰撞。

42亿年前
海洋可能开始形成。

41亿—38亿年前
地球及其他内行星①受到无数小行星的碰撞。

---

① 内行星，亦称"带内行星"，指轨道在小行星主带以内的行星，包括水星、金星、地球和火星。

40亿年前

地球表面最古老的岩石开始形成。海洋中出现了能够自我复制的有机分子，如DNA。

37亿年前

间接证据表明，地球上最早的生命——类细菌出现了，它们以有机分子为食。

34亿年前

蓝藻（一种蓝绿色的藻类）出现，它能够通过光合作用吸收能量。

24.5亿年前

作为光合作用的副产品，地球的大气层中开始聚集游离氧。

宇宙起源

在现代科学出现之前，有很多关于地球和宇宙产生的传说。基督徒们相信，是上帝在6000年前创造了它们。而与之形成对比的是，古印度的典籍中则谈到了一个无限创造和毁灭的循环过程。

直到18世纪末，地质学家们开始意识到，地球的年纪要比传说中的更古老（至少比欧洲基督徒们想象的要早得多）——它的诞生起码有上百万年的历史，甚至可以上溯至几十亿年前。而进入20世纪后，科学家们达成了共识，宇宙本身是永恒的，它保持着一种"稳定的状态"。亿万星辰缘起缘灭，但宇宙的维度恒定不变。

到了20世纪30年代，这个理论也被打破。美国天文学家埃德温·哈勃发现，那些遥远的星系正在加速远离我们，距离我们越远的星系，其远离的速度就越快。就此他得出结论：宇宙一直在不断膨胀，而这种膨胀始于一场巨大的爆炸，这就是"宇宙大爆炸"理论。

此后，宇宙守恒论的支持者和大爆炸理论的支持者一直争论不休。后来，在1964年，阿诺·彭齐亚斯和罗伯特·威尔逊，两名在新泽西工作的射电天文学家发现，他们使用的微波接收仪器不断受到干扰。这种干扰波来自四面八方，通过测算，其波长折合温

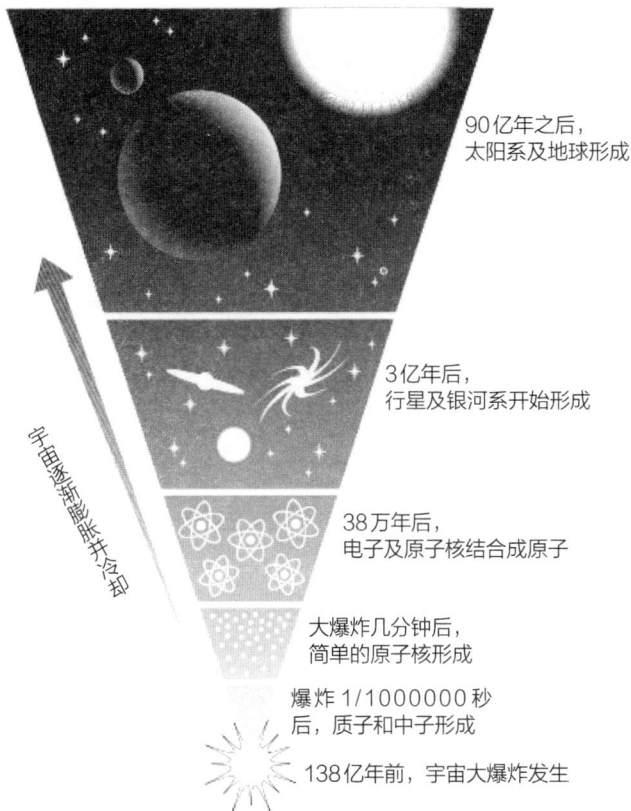

90亿年之后，
太阳系及地球形成

3亿年后，
行星及银河系开始形成

38万年后，
电子及原子核结合成原子

大爆炸几分钟后，
简单的原子核形成

爆炸 1/1000000 秒
后，质子和中子形成

138亿年前，宇宙大爆炸发生

宇宙逐渐膨胀并冷却

度[1]高于绝对零度2.7开尔文。起初，他们以为这干扰来自附近的纽约市区，或者是雷达沾上了鸽子的粪便。后来，他们终于意识到，接收器中接收到的是宇宙大爆炸的回声。假如你打开自己的收音机，台与台之间的"白噪声"，同样来自这种远古的回声。

宇宙学家认为这次大爆炸始于138亿年前，并已经就此提出了一个时间表。宇宙最初的状态是一个奇点，这个点的密度和温度是无穷高的。一旦它开始膨胀，速度十分惊人。在10^{-36}到10^{-32}秒之间，宇宙的体积至少扩大了10^{78}[2]倍。在这个阶段，宇宙中产生了一些基本粒子，比如夸克和胶子。在10^{-6}秒后，膨胀速度有所减缓，温度开始降低，夸克和胶子共同构成了质子和中子。几分钟后，温度进一步冷却到10亿摄氏度左右，质子与中子结合成氘和氦的原子核，不过大多数质子依然保持了独立的氢核。最终，带正电荷的原子核吸引带负电荷的电子，共同构成第一个原子。这些简单的原子将成为恒星的基石。

为什么宇宙的存在是如此的错综复杂？

——斯蒂芬·霍金，《时间简史》（1988年）

---

① 根据维恩位移定律，物体的温度和波长的乘积是个常数，即$\lambda_m=b$，$b=2.898\times10^{-3}m\cdot K$。

② 10^{-36}即1被10除36次。10^{78}即1被10乘78次。

恒星的诞生与衰亡

在宇宙最初的膨胀过程中，各种物质在空间中均匀地分布。但随着密度出现细微的差异，重力开始发挥作用，密度高的地区吸引越来越多的物质。通过这种方式，主要由氢和氦构成的气体云团逐渐形成。这些所谓的星云就是恒星诞生并逐渐形成的地方。

在星云内部，更加密集的区域可能会因为重力而自行崩解，这些区域最终可能会变得致密而炽热，足以产生核聚变——一种将氢转化为氦，并产生大量的热和光的反应。正是这个过程，使恒星——包括太阳——闪耀着如此强烈的光芒。

重力将稠密的气体聚集在一起形成恒星，同理它还可以聚集恒星形成星系。我们所处的银河系，包含了1000亿—4000亿颗恒星，直径约为10万光年——这就意味着，光需要以每秒30万千米的速度，飞行10万年才能够穿越它。我们的太阳位于银河系的一个螺旋臂上，距离银河系的中心大约3万光年。距太阳最近的恒星叫作比邻星，离我们有4.24光年。宇宙中至少有1000亿个星系，银河系只是其中之一。宇宙到底有多大，这是个尚无定论的问题，但就目前我们可以观测到的部分而言，其直径大约为930亿光年。

令人惊异的，并非是星域的浩瀚无垠，而是人类居然能够测量它。

——阿纳托尔·法郎士，《伊壁鸠鲁的花园》（1894年）

不同大小的恒星，其一生中经过的历程也不尽相同。那些体积类似太阳的恒星可以燃烧100亿年，其表面温度能达到6000摄氏度（核心的温度更高），直到它们耗尽所有的氢。此后，其核心开始缩小，温度上升到1亿摄氏度，并开始进行氦聚变。在生命的末期，这颗恒星会先膨胀成为一颗红巨星，比它年轻时要大100倍，然后缩小成一颗白矮星，只有最初的1/100。

恒星的体积越大，寿命就越短。例如，一颗相当于太阳10倍大小的恒星，仅仅2000万年后就会演化成红巨星。随着温度的升高，恒星开始合成密度越来越大的元素，温度上升到7亿摄氏度的时候，铁元素产生了。这个过程中会产生许多元素，不仅有铁，还有碳、氧和硅，这些元素就是构成地球这类行星的源头。在这个时候，恒星会发生剧烈的爆炸，形成一个急速膨胀的由气体和灰尘构成的云团，被称为超新星。在它的中心是一个叫作中子星的东西，直径只有10—20千米，但密度惊人，1立方厘米的物质就重达2.5亿吨。质量更大的恒星最终会演变成黑洞，这是一个密度极高的空间，甚至连光都无法逃脱它巨大的引力。很有可能在我们自己的星系中心就存在着超大质量的黑洞。

金发姑娘地带[①]

大约46亿年前，太阳系——太阳和它的各大行星——形成于一个星云，这是一个由尘埃和气体组成的旋转云团。随着尘埃越来越密集，更多的物质被引力吸引过来，最终形成了行星。至今，它们依然朝着同一个方向旋转。

木星是太阳系中最大的行星，地球的体积不到其1/10，而木星的大小只有太阳的1/10。地球距离太阳1.496亿千米，木星到太阳的距离是这一长度的5倍，而最外层的主要行星——海王星，则比地球远上30倍。相对较小的内行星——水星、金星、地球和火星基本是由岩石构成的，而那些巨大的外行星——木星、土星、天王星和海王星，则主要是由环绕在一个小岩核周围的气体组成的。

据我们所知，生命是建立在细胞的基础之上的，而想要细胞发挥作用，液态水是不可或缺的。水星和金星距离太阳太近了，这一切不可能发生。或许火星上曾经存在过孕育生命的条件，NASA[②]的探测器正在这颗行星的表面上探索这种可能性。其他外

---

① 金发姑娘地带，来自童话故事《金发姑娘和三只熊》，也称宜居带，指一颗恒星周围适合生命存在的区域，科学家认为在这一地带内，可能会有液态水存在，因而适宜生命存在。

② NASA，National Aeronautics and Space Administration，即美国国家航空航天局。

行星太过寒冷，生命难以存活，不过在它们某些卫星的表面之下，或许也存在着液态水。

众所周知，地球是太阳系中唯一有生命存在的行星。我们相信，地球正位于恒星周围最适合生命存在的区域内，也就是"金发姑娘地带"。在《金发姑娘和三只熊》的故事中，她喝的粥既不太热也不太冷，坐的椅子既不太小也不太大，睡的床铺既不太硬也不太软。同样，地球距离太阳既不太近也不太远（因此既不太热也不太冷），水可以作为一种液体存在。它的体积大到足以产生一个强大的引力场，形成大气层，并产生足够的大气压强，把液态的水留存在其表面上。

我们是宇宙中唯一的生命吗？

根据我们对银河系最近的详细观察，在那些类似太阳的恒星周围的宜居带中，有大约110亿颗地球大小的行星。科学家们认为，在它们之中，距离地球最近的只有12光年，也就是说，只需要12年时间，它就能接收到地球发射过去的无线电信号[①]。当然，出现这些条件并不意味着一颗行星必然拥有生命——更不用说已经进化到足以给我们发送无线电信号的生命了。事实上，尽管遍布世界各地的射电望远镜已经监测了几十年的时间，但迄今为止仍没有发现任何外星生命的迹象。

---

① 电磁波的传播速度近乎光速，因此此处说无线电信号发射需要12年的时间。

不安分的地球

我们的星球并不是一个普通的球体，它更像一颗分层的洋葱。它的内芯由固态铁构成。外面是第一层外核，为熔化的铁；再外面是地幔，由熔化的岩石构成，也就是我们所说的岩浆。岩浆的顶部漂浮着一层由固体岩石构成的薄外壳，我们就生活在这层地壳的表面。虽然人类已经登上了月球，但还没有到过地表下4千米之外的区域。

地球还有一层气体的皮肤，那就是大气层，其中的3/4是氮气，1/5是氧气，这对生命的形成是至关重要的。还有少量的其他气体，其中包括二氧化碳和甲烷——所谓的温室气体——它们对地球上的生命也产生了非常重要的影响（参见第302页），以及一些水蒸气，它也是大气系统中一个重要的组成部分。大气层随着高度的增加而愈加稀薄，最终逐渐消失在太空中。

正如大气中的气体飘忽不定一样，构成地壳的岩石板块也在不断运动。科学家们曾经认为，大陆和海洋的位置是固定的。然而在1915年，德国气象学家阿尔弗雷德·魏格纳认为，大陆并非是静止的，而是在一直漂移。他观察到，南美洲东海岸的岩层和化石与非洲西海岸的非常相似，而某些早已灭绝的植物不仅在上两个地点被找到，还被发现在马达加斯加、印度和澳大利亚。

多年来，越来越多的证据支持魏格纳的大陆漂移理论。很明显，这一过程对世界上不同的动植物种群的分布和繁衍产生了至关重要的影响。现在地质学家认为，在大约3亿年前，北方的劳亚古陆和南方的冈瓦纳大陆曾经聚集在一起，从而形成了一个更大的超大陆——盘古大陆。而在2亿—1.8亿年前，盘古大陆再次分裂成为两块大陆，进而最终形成今天各个独立的大陆。

但直到20世纪60年代，科学家们才确定了大陆漂移发生的原理，并命名为板块构造论。地球的外壳是由漂浮在液体地幔之上的板块组成的，因此它们能够移动。

火山冬天

地震和火山爆发最频繁的地方，往往是大陆板块最活跃的边界地带——这将给地球上的生命带来灾难性的影响，甚至是大规模的物种灭绝（参见第40页）。历史上最严重的火山爆发是1815年印度尼西亚的坦博拉火山喷发。由于它朝地球的大气层中喷射了太多的灰烬，导致一连数月阳光被阻拦从而降温，因此对许多人来说，第二年是"没有夏天的一年"。它还导致农作物枯萎、牲畜死亡，使欧洲和北美出现大面积的饥荒。

地表的成因

　　地球表面的多样性在生命的进化中起到了关键的作用。生物适应了各种各样的地质环境——海洋、海岸、河流、湖泊、丘陵、平原，甚至天空。海洋和山脉阻碍了人类的交通，而大江和大河又对农业和贸易具有促进作用，这些多样性都在影响着人类的历史。

　　地表的基本构成物质是岩石。虽然我们知道这种物质异常坚硬，且亘古不坏，但在亿万年的时间里，它同样会被破坏和重建。其中涉及的一系列进程我们称之为岩石循环，它需要的能量部分由太阳提供，部分来自地壳下面的热能。

　　太阳的热量使水蒸发，并形成云，进而凝结成雨或者雪落回地面。水流侵蚀岩层，冰雪凝结成冰川，当冰川向下方滑动时，也会带动被侵蚀的岩层。河流将这些被侵蚀下来的物质带走，比如黏土和沙砾，一路带到海底，并沉积在那里。这些沉积物一层层地堆叠，最终被压缩成岩石，这就是沉积岩。还有一些埋藏得更深的沉积岩，在来自上方的极大压力和下方的极高温度共同作用下，久而久之，它们会变成另外一种不同的岩石类型——变质岩。比如说，石英岩就是一种变质砂岩。除了沉积岩和变质岩，还有第三种岩石，那就是火成岩。它们是由涌向地表的岩浆形成的。当岩浆被困在地表之下，就会凝结成花岗岩。有时，岩浆也会找到一条通往地表的通道，比如火山口和地面裂缝，在凝固后就形成了玄武岩。

地球的板块运动同样起到了一定的作用。一个板块被推到另一个板块的下面，它上面的岩石就会被地幔下的岩浆所熔化。当这两个板块彼此分离的时候，熔化的岩石又重新回到地表。如果这样的运动发生在海洋中，就会形成巨大的大洋中脊。类似的火山喷发，同样会创造——以及破坏——山脉。山脉的形成也可以由板块运动导致，一个板块推动另一个板块，致使先前的水平沉积层折叠起来，从而形成高耸的山脉。喜马拉雅山脉就是由印度次大陆板块挤压和碰撞亚洲大陆板块而形成的，它仍在以每年约1厘米的速度不断长高。

类似的进程还会带来地貌的改变。河流和冰川冲刷出山谷，水流带来的沉积物会在入海口附近形成三角洲。洋流和波浪的冲刷可以侵蚀地表，并将其沉积在其他地方，从而改变海岸线的形状。这样的变化可能对人类造成重要的影响。比如，三角洲的形成会提供丰饶的土地，为农业带来便利，而那些靠海谋生的人则可能对不断后退的海岸线叫苦不迭。

什么是生命

　　所有的生物都会对刺激、取食、成长、繁殖、自我修复和死亡做出反应。可是，非生命体也会具有某些类似的特点——比如水晶可以通过"吃掉"水中溶解的盐分而长大；机器人也能够对刺激做出反应。那么，到底是什么将我们与非生命体区分开的呢？

　　答案就是细胞，我们已知的生命基本构成单位。单个的细胞是非常微小的——最小的直径只有1毫米的1/1000000。但是细胞又是已知的最复杂的结构之一。有些细胞可以独立构成生物体（参见第19页），而其他的则在更加复杂的多细胞生物体中发挥着独特的作用（参见第20页）。在人体内，可能有多达37万亿个细胞。

　　细胞有一种能力，可以从周围的环境中吸收广泛的养料，并在体内改变其化学性质，创造出更为复杂的化合物。正是这种能力，使它们能够通过一次又一次的分裂来修复损伤和再生。

　　对于细胞的结构和功能来说，四类化学物质是必不可少的。第一类是核酸（DNA和RNA），对遗传信息进行编码，并执行嵌入在该代码中的指令（参见第26页）。第二类物质由蛋白质组成，部分用于构成组织，部分作为酶的催化剂，帮助促进细胞内的化学反应。蛋白质是由更简单的组成要素——氨基酸构成的。第三类是碳水化合物，其中一些起到构成机体的作用，另一些则用于储存能量。最简单的碳水化合物是由植物在光合作用过程中产生的葡萄糖。几乎所有的动物都是从植物中获得它们所需要的碳水化合物。最后一类是脂质，是细胞膜的关键组成部分（参见第19页）。

所有这些复杂的物质都是由一些相对简单的分子组成的，其中最常见的是水分子和碳原子。水为许多化学反应提供了氧和氢。另外，活的细胞中大约2/3的组成部分是液态水，水还负责溶解和运输更复杂的化合物。碳原子能够将其他元素结合起来，创造出各种各样巨大的有机化合物，其中许多都溶于水。

生命从哪里来？

简单的微粒，比如水分子和碳原子，是怎样合成那些构成更高级别生命的化合物的呢？早期地球的大气中，包含了火山喷发过程中排放的气体，如水蒸气（H_2O）、氮气（N_2）、二氧化碳（CO_2）和一氧化碳（CO）。当这些气体冷却后，氢和氮结合形成氨（NH_3），而一氧化碳和二氧化碳会促生甲烷（CH_4）。在紫外线下（来自太阳的照射），氨和电火花（比如一道闪电），再加上甲烷、水和二氧化碳就可以合成简单的氨基酸，如果再遇上热量，这些分子就能够链接起来形成蛋白质。类似的反应可能会导致DNA组织结构的产生。此外，一些证据表明，来自天外的陨石不仅存在着DNA组织，还可能会带来氨基酸。

当地球冷却时，大气中的水蒸气凝结形成了早期的海洋，许多不同的矿物质和气体被溶解在水中。很有可能，在大约40亿年前的这锅巨大的化学汤剂中，第一个能够自我复制的分子——如DNA——已经出现了。

能量从哪里来

事实上，地球上所有生命赖以生存的能量，以及人类在现代工业社会中所使用的大部分能源，都来自太阳。

在自然界中，光合作用至关重要。通过一系列的化学反应，来自太阳的能量被用来将水和二氧化碳转化为葡萄糖——一种简单的碳水化合物，并为生物体提供能源。

那些可以以这种方式为自己制造食物的生物被称为初级生产者。在陆地上，大部分初级产品是由绿色植物产生的。而在海洋中，负责生产初级产品的生物体是浮游植物——微小的单细胞生物，比如水藻和硅藻。

这些以光合作用为生的生物位于食物链的最底层。初级生产者会被初级消费者——食草动物吃掉。初级消费者又成为次级消费者——食肉动物的食物。有时，即便是食肉动物，也会被更高级别的食肉动物吃掉——比如说，小鸟吃虫，而鹰则捕食小鸟。

根据物理定律，能量的转移总是伴随着损耗。因此在食物链中，由低到高每个层次的个体都会变得越来越少。食草动物吃掉的植物中只有10%左右的能量被有效地利用。其余的能量不是未能被消化，就是随着呼吸以热能的形式散发掉。

能量传递的最后阶段是食腐动物和分解者。诸如地虱和千足虫之类的食腐动物以粪便、死去的植物及动物尸体为食。而分解者——比如某些真菌和细菌——则完成了转换的最后一环，它们会摄取任何残留物质所包含的能量。

人类通过不同的方式将自己嵌入食物链。有些族群就像食草动物，他们收集种子、坚果和浆果，或是种植作物；还有的族群是食肉动物，他们靠捕猎为生，或者饲养牲畜，比如牛；但大多数族群，无论过去还是现在，往往是杂食动物，既吃动物也吃植物。虽然我们更愿意认为自己处于食物链的顶端，但在某些生态系统中，我们也会发现自己出现在那些更大的、更强壮的食肉动物的菜单当中。

在过去，除了食物之外，我们对能量的需求完全依赖于太阳。柴火是植物物质，而那些化石燃料——煤、石油和天然气，也都来自植物。现在，我们可以从水流、波浪和风中获取能量，这些同样来自太阳驱动的大气循环系统。潮汐的力量稍有不同，它更多地依靠月球的引力，只在很小的程度上与太阳有关。地热能利用的是地表深处的热量，而核能释放的能量则来自原子核的裂变。

生命可以没有太阳吗？

并非所有的地球生命都从太阳那里获取能量。一些能量来自地球外壳下面的熔岩层，通过火山口释放出来。在海底的某些区域，这些被称为深海热液喷口的地方涌出富含硫化氢的热水。这种气体对大多数生物体都是有毒的，却成为某些微生物的能量来源。这些微生物又成为蛤类、鲍鱼、虾类和巨型管虫的食物。

生命变得复杂

大约40亿年前，在远古海洋富含化学物质的环境中，生命可能已经开始得以发展。科学家们认为，其中的关键就是能够自我复制的复杂有机分子（如DNA）的出现。

在地球历史上的这一时期，大气中并没有臭氧层可以遮挡来自太阳的强烈紫外线辐射。当这些复杂的分子自我复制的时候，太阳光线的辐射可能造成频繁的突变。其中的某些变化会产生更加适应环境的分子结构。自然选择在这种情况下展露无遗。

例如，那些复制频率更高、结构更复杂的大分子往往具有一个优势，那就是它们可以将其他分子吸附过来，成为自己的保护层。实验表明，在模仿的活跃的火山活动环境中，通过冷水的快速降温，氨基酸可以在自身周围形成一个膜的结构。第一个细胞很有可能就是通过这样的方式产生的。

这些原始细胞都是结构简单的类细菌生物，我们称之为原核生物，它们的外层膜中包裹着原生质，那是一种凝胶似的物质，含有一系列大大小小的分子。DNA位于原生质中的一个特定区域，但是并没有什么固定的组织结构。原核细胞可以通过分裂出两个新的细胞来完成复制。这些早期的微生物以远古海洋中丰富的有机分子为食。

大约在34亿年前，随着有机分子的大量产生，进化出一种新的原核微生物。这就是蓝藻，它们采用了一种全新的进食方式：光合作用。光合作用利用阳光中的能量将二氧化碳和水转化为葡萄糖（一种简单的糖），并产生氧气这一副产品。在此之前，氧气对生物是有毒的。也就是从那时起，氧气出现在大气中，各种各样的生命开始依赖它生存。

下一次大的飞跃是18亿年前，更大、更复杂的细胞出现了，它们被称作真核细胞。它们的体内存在一个包含DNA的中心结构——细胞核。此外，真核细胞还有一些具有特定功能的特殊结构，它们被称为细胞器。事实上，某些细胞器拥有自己的DNA，而一些特定的细胞器和某些细菌具有相似之处。据此，美国生物学家琳恩·玛格丽丝在20世纪60年代末总结出了真核细胞与不同种类原核细胞之间的共生（互利）关系。这一理论现在被科学家们所普遍接受。

微生物并非隐藏在进化"阶梯"的背后，我们被它们所包围，并由它们组成。

——琳恩·玛格丽丝 & 多里昂·萨根，《微观世界》（1986年）

虽然我们及所有多细胞生物的细胞都属于真核细胞，但是最初的真核细胞却出现在单细胞微生物身上，它们具有许多与现存物种——比如原生动物（具备一定的动物特性）、黏菌（具有一些真菌的特点）和某些藻类（像植物一样可以进行光合作用）——很相似的特点。

也许，真核细胞带来的最显著的创新就是性行为的出现（参见第21页）。在有性繁殖中，一部分遗传因素来自父亲，另一部分来自母亲，这就导致了更大的变化。而这种变化可以帮助生物适应不断变化的环境，并加快进化的步伐。

生命的繁衍

生命体的定义特征之一是它的繁殖能力。所有的物体，不管它是否具有生命，都终将腐朽。因此，繁殖为生命的延续提供了一种手段。这使得我们可以最大限度地接近不朽。

简单的单细胞生物通过细菌分裂实现繁衍：一个"母"细胞分裂成两个"子"细胞。这就是无性繁殖。除非出现突变，否则母细胞和子细胞是完全相同的。人体内的细胞也可以通过这种方式繁殖，使我们能够修复损伤，茁壮成长。

多细胞生物，不管是植物还是动物，同样可以无性繁殖，即所谓的"营养繁殖"。植物可以通过"父母"身上的某个部分，比如一小簇根须或是一段匍匐茎、一片叶子、一截树枝，生长出基因完全相同的一株新植物。某些无脊椎动物，如海葵、海绵和许多海洋蠕虫，也可以通过"萌芽"来进行无性繁殖，即父母身体的一小部分增长，然后分裂形成一个新的个体。

在有性繁殖中，来自两个不同细胞（父亲的精子和母亲的卵子）的遗传物质相结合，形成一个单一的全新细胞，它继承了双方基因的遗传特征。这种新的细胞再经过不断分裂，最终发展成为一个具有独特基因结构的新个体。

植物既可以无性繁殖，也可以有性繁殖。在开花植物中，雄性生殖细胞存在于花粉中，借助风或者动物——比如蜜蜂——从一朵花传播到另外一朵花上。一旦完成授粉，雌性生殖细胞就会受精，并生长成一颗种子，进而孕育出新的个体。近乎相同的过程发生在动物身上，只是受精的方式更加多样。例如，雌性鱼把卵产在水里，而雄性鱼则将精子产在卵上。在胎生哺乳动物中，雄性将它的阴茎插入雌性的阴道中，排出精液，精子自行游向雌性的卵子。由此产生的胚胎将在母亲的子宫内发育，直到出生。

　　不同的动物采取了不同的育儿策略。许多水生生物，比如鱼会产下大量的受精卵，然后就对后代的命运听之任之。在成年之前，大多数的幼体鱼都会被食肉动物吃掉，只有寥寥几个可以生存下来。与之相反的是，猿（包括人类）通常一次只能生出一到两个后代，父母会花费许多年的时间来养育自己的孩子，直至它们长大。

物种的起源

长久以来，地球生命进化的秘密被封禁在岩石当中。在《圣经》占据统治地位的几个世纪里，人们认为地球非常年轻，而且所有物种从一开始就是保持不变的。

到了18世纪晚期，苏格兰的地质学家詹姆斯·哈顿坚定地认为，只有经过数百万年的自然历程，比如炽热和侵蚀，才能够形成我们今天所见的地质景观。这个理论还导致了一个推论，即假如岩石真的如此古老的话，那么它们包裹着的化石也应该同样古老。

有些化石完全不同于我们今天已知的任何生物，另一些有些相似，但还是有所差异。到了19世纪早期，自然学家将他们的理论总结为一个循序渐进的过程，从最古老的化石中那些最简单的生命形式到近代那些更复杂的生命形式。这个过程可以被称为"进化"，但是没有人能解释为什么那些简单的生命形式，比如细菌和海绵，到今天仍然存在。他们也无法解释现存物种身上发生的巨大变化。如果真的有进化，它是如何进行的？

起初，它被认为是随机的，没有任何目的或方向。直到天才的查尔斯·达尔文证明了它的存在，并发现其中的关键要素：自然选择。19世纪30年代，年轻的达尔文曾经作为随船学者乘坐皇家海军"贝格尔"号经历了漫长的旅程。在航行期间，他记录下了不同大陆上生物之间的相似性，比如南美洲鸵鸟和非洲鸵鸟。他还指出，加拉帕戈斯群岛上的地雀之所以具有不同样式的喙，是因为其食物来源的差异。由此可见，南美洲鸵鸟和非洲鸵鸟具有一个共同的祖先，而各种加拉帕戈斯地雀也一样。

达尔文知道自己的理论违背了基督教的正统观念。人类与其他动物没有什么区别。我们并非是依照上帝的形象被创造的，相反，我们与猿猴有着共同的祖先。于是达尔文只好等待时机，搜集证据，直到1859年才出版了他的《物种起源》。

达尔文认为，物种随着时间的推移不断进化。在某个时段，生物个体会随机出现某种特质，可以帮助它比同胞们更好地生存和繁殖。经过几代的繁衍，具备这种特质的个体们存活的概率远高于其他同类，于是，这样的特质就被一代代传了下来。物种一直在变化，并逐渐进化到能够更好地适应新的环境。这个过程被称为"优胜劣汰"。

> 人类具有一切高贵的品质……但他们仍然要忍受体内存在着的卑微起源那不可磨灭的印记。
>
> ——查尔斯·达尔文，《人类的由来》（1871年）

多年以来，尽管达尔文理论的某些方面不断地被修改，但越来越多的证据——包括物种间身体构造和胚胎发育中的相似性、退化器官的存在，例如人类的尾骨（那是我们祖先的尾巴），以及最重要的，那些可以使我们比较和探索人类与其他不同动物基因组异同的DNA证据——表明，自然选择是毋庸置疑的。这些也从遗传学的角度上解释了个体特征是如何产生、如何传递给下一代的，以及DNA在其中扮演的角色。

生命的蓝图

达尔文的自然选择理论可以解释新物种是如何产生的。但他并不清楚，父母是如何将自己的特征传递给后代的。他也不知道新的特征是怎样产生的。不过，现在我们知道了答案。

遗传因素的单位叫作基因。它们可以决定很多事情，从眼睛的颜色，到罹患某些疾病的风险。一些可继承的特征（比如大鼠的颜色）由单一的基因决定，而大多数的特征（比如人类的身高、体重和眼睛的颜色）则取决于一组不同的基因。基因存在于我们称之为染色体的一长串分子中，除了性细胞外，所有的细胞都有两套染色体。

但是，遗传给后代的各种特征在基因内是如何进行指令编码的呢？这在当时尚不为人所知。在20世纪40年代，科学家们开始怀疑，一种叫作脱氧核糖核酸（DNA）的极为庞大而复杂的分子可能与之有关。后来，在1953年，在剑桥大学工作的美国人詹姆斯·沃森和英国人弗朗西斯·克里克共同宣布，他们已经发现了DNA是如何对遗传信息进行编码的。

他们指出，遗传密码是嵌在DNA结构当中的。DNA分子是一个双螺旋结构——两股缠绕在一起的链条。每个链条都是一个糖–磷酸骨架，链条间靠成对的四种被称为碱基的化学成分相连接。

每一种碱基都只与其他三种碱基之一相连。这种结构解释了DNA如何通过链条的分裂进行自我复制，从而将遗传信息传递给后代。

> （世间）竟有如此美丽的结构存在。
>
> ——詹姆斯·沃森，《双螺旋》（1968年）

DNA的结构也解释了遗传密码是如何嵌入的。每一组相连的三个碱基（一个密码子）包含了一个特定的氨基酸创建指令。氨基酸是蛋白质的组成部分，也是所有细胞的重要组成部分（参见第15页）。每一个基因都包含了由一组密码子编码而成的蛋白质，并以一个终止密码子结束。DNA的某些部分本身并不参与氨基酸编码，而是开启和关闭基因或基因组的控制中心。

DNA的工作方式也解释了基因突变如何导致新的特征产生——这也是自然选择的关键驱动力。基因突变是指在DNA自我复制的过程中，碱基序列中出现的变化。它是自然产生的，但化学物质或辐射可以加大这种突变率。只有那些发生在卵子和精子中的突变才会传递给下一代，也只有这样的突变才会带来进化。许多突变都是中性的，但有些可能会对后代造成损伤，而有些则可能是有益的。控制基因的突变可以对生物体造成极大的影响。有益的基因突变可以帮助生物更好地适应环境，并很可能遗传给后代。

第二章　动物星球

从 5 亿多年前开始，早期的低等生物便出现在了地球上。在此后亿万年的时间里，各种各样的生物进化出了各种各样的身体构造和生活方式。有些早期的动物成功地生存下来，例如海星、海胆。而其他的，比如恐龙，尽管统治了地球 1.65 亿年之久，但依然难逃灭绝的厄运。现代人仅仅出现在地球上 20 万年，统治这个星球的时间更是短得可怜。

时间表

Timetable

6亿年前

最初的多细胞生物出现。

5.42亿—4.88亿年前

寒武纪时期。外骨骼的出现导致动物身体结构的多样化，其中包括了三叶虫和腕足类动物。最初的脊椎动物进化出了脊索，也就是脊柱的前身。

4.88亿—4.44亿年前

奥陶纪时期。三叶虫、腕足类、腹足类和笔石类动物的种类日趋多样化。海胆、海星和菊石类动物出现。有证据表明，在奥陶纪的末期，出现了最初的陆生植物，同时许多物种开始大规模灭绝。

4.44亿—4.16亿年前

志留纪时期。在物种大灭绝之后，新的海洋生命开始形成，包括类蝎动物和有颌鱼类（起初只有软骨，后来进化出骨骼）。最初的无脊椎动物，例如蝎子和无翅昆虫，出现在陆地上，同时出现的还有维管植物，比如石松。

4.16亿—3.59亿年前

泥盆纪时期。巨大的珊瑚礁出现。最初的蕨类植物出现。原始两栖类动物出现，这是第一种具有四足的动物，它们开始向陆地进发。

3.59亿—2.99亿年前

石炭纪时期。最初的飞行昆虫和爬行动物出现。陆生植物开始广泛繁殖，包括针叶树，而随着时间的推移，这种植物死亡后逐渐形成大面积的煤炭矿床。

2.99亿—2.51亿年前

二叠纪时期。爬行动物种类出现多样化。在这一时期结束的时候，很多种类的海洋动物灭绝，包括三叶虫。许多陆地物种也灭绝了，为恐龙的出现让路。

2.51亿—2亿年前

三叠纪时期。恐龙在陆地上出现。最初的小型哺乳动物也出现了。

2亿—1.45亿年前

侏罗纪时期。许多种类的恐龙、海龟和鳄鱼出现。热带森林出现。第一只鸟类——始祖鸟的化石就出现在该纪的末期。

1.45亿—6600万年前

白垩纪时期。开花植物出现，并开始在陆地上占据主导地位。草类出现。在这一纪的末期，恐龙突然灭绝，同样灭绝的还有鱼龙类、翼龙类和菊石类动物。鸟类（某种恐龙的后代）和哺乳动物幸存下来。

6600万—5600万年前
古新世时期。许多全新的哺乳动物出现，包括最初的灵长类动物。

5600万—3400万年前
始新世时期。哺乳动物日益繁盛，其中包括大象、鲸鱼、啮齿类动物、食肉动物和有蹄类哺乳动物。

3400万—2300万年前
渐新世时期。草原大面积出现，猴子第一次登上了历史的舞台。

2300万—530万年前
中新世时期。始祖马出现，猿出现。这一时期的许多动物，例如青蛙、蛇和老鼠，与今天的动物非常相似。

700万年前
我们的祖先与黑猩猩和倭黑猩猩的祖先分离开来。

600万年前
早期人类开始能够使用后腿进行一段时间的直立行走。

530万—260万年前
上新世时期。猛犸象出现。直立行走成为早期人类的常态。

260万年前
出现最早的人类使用工具的证据。

260万—1.17万年前
更新世时期。冰期与温暖的间冰期交替。

240万年前
能人出现。

190万—14.3万年前
直立人占据优势地位。

20万年前
智人（现代人）出现在非洲，他们在那里生存了大约10万年的时间或者更长。

1.17万年前至今
全新世时期。最后一次冰期结束后，猛犸象之类的许多大型陆地动物灭绝。人类开始主宰这个星球。

最初的动物

在亿万年的时间里，尽管地球的海洋中孕育着大量的生命，但你却看不到任何单一的个体生物。这是因为在数十亿年里，所有的生物都是由单细胞组成的。

一些细胞可能会聚集到一起，形成聚居体。不过，现在发现的最早的化石证据也仅仅能够追溯到6亿年之前。这些聚居体或许就像海绵一样，这种最原始的动物仍然存在，你可以在世界各地的海水中找到它们。海绵的每个细胞都能够独立生存，也可以与其他细胞共生。如果一个活的海绵被撕裂成碎片，它们会很快地聚集在一起，重新形成一个新的聚居体。海绵被固定在岩石上，并以水中微小的浮游颗粒为生。它们体内的细胞之间具有一定的关联，但没有真正的神经系统。

到了5.9亿年前，一批更高级的动物出现了，它们有了更明晰的身体结构和可识别的神经系统。这些生物仍然局限在海洋当中，包括腔肠动物（如水母和海葵）、环节动物和节肢动物。节肢动物的主要特征包括双侧对称、分节的身体，并进化出很多条腿、眼睛和外骨骼——这种坚硬的外层结构可以保护身体内部的器官。今天所有的节肢动物——包括甲壳类、蜘蛛、蝎子、昆虫——都起源于某些早期的节肢动物。还有一些节肢动物——比如三叶虫，则早已灭绝。

三叶虫出现在寒武纪（5.42亿～4.88亿年前），那是新的动物种类"爆发"的时期，现在已知的大多数无脊椎动物都出现在那个时期。对于这种情况，科学家们提出过各种可能的解释。不断增加的能够进行光合作用的生物提高了大气中的含氧量。这时，臭氧层形成了，可以保护地球上的生命不受太阳紫外线的辐射。同时，由于大洋中脊附近的火山活动频繁，海洋中的钙含量也急剧提升（这是身体坚硬部分的关键组成成分，比如外骨骼）。此外，从生态和进化的角度来看，捕食者和猎物之间的军备竞赛也正如火如荼，这或许导致了原始眼睛的出现，捕食者可以借此探测自己与猎物之间的距离——反之亦然。

接下来的重头戏是第一只真正的脊椎动物的出现。脊椎动物是具有内骨骼的生物，包括一条由椎骨连接组成的脊柱，用以保护脊髓——这是一种更高级的中枢神经系统组织。时至今日，仍有一些生物仅具有脊髓，而没有脊柱，它们的祖先被认为首先出现在寒武纪。不过，第一种真正的脊椎动物——无颌鱼类（类似于现代的七鳃鳗），也出现在大约5亿年前。

早期的鱼类体内并没有骨头，其内部骨架是由软骨组成的。现在，仍然有很多的鱼类具有这样的身体构造，包括鲨鱼和鳐鱼，它们的祖先在大约4.1亿年前首先进化出了下颌。颌骨是几乎所有脊椎动物的特征之一。

生物原型

在寒武纪生物爆发期间，出现了一些与今天我们已知的完全不同的动物族群。在加拿大布页吉斯页岩中发现的欧巴宾海蝎，是一种形状怪异的捕食者，它们有着五只眼睛和一个像吸尘器似的鼻子。另外一种捕食者是奇虾，它们靠60厘米长的侧皮瓣推进前行，有着一张像一片菠萝似的大嘴。布页吉斯页岩中的许多动物只在寒武纪中繁盛一时——除了皮卡虫，一种像鳗鱼一样的生物——它们长约4厘米——被认为是脊椎动物的祖先，脊索动物门（其中包括人类）的一员。

欧巴宾海蝎

奇虾

登陆

虽然出现了那么多的大型多细胞动物和植物，但生命仍然局限于海洋中。最多样的动物族群之一是鱼类。它们具有一系列高度专业化的组织结构：从水中自由提取氧气的鳃，以及可以推动它们前行的鳍。

靠鳃和鳍是无法在陆地上生存的，那么，脊椎动物到底是什么时候爬上古大陆的海岸，它们又是如何做的呢？志留纪时期（4.44亿~4.16亿年前），最初的无脊椎动物——蝎子和无翅昆虫首先到达陆地。它们为更大的食肉动物提供了一个潜在而丰富的食物来源，这可能吸引了最初的脊椎动物——两栖类动物，在大约3.7亿年前爬上陆地。

两栖类属于四足动物（具有四肢的动物），同样的还有爬行动物、鸟类和哺乳动物。关于四足动物是何时进化出现的，以及它们的祖先是谁，至今仍争论不休。一些科学家认为它们来自大约3.95亿年前的总鳍鱼类，还有一些科学家认为肺鱼才是它们的祖先。不管是总鳍鱼（今天幸存的只有两种腔棘鱼）还是肺鱼，都会用强有力的骨质鳍在水下"行走"。它们能够在空气中呼吸，这使得在热带的干旱季节，它们能够钻入泥中，进入休眠期。

两栖动物（包括今天的青蛙、蟾蜍、蝾螈和蜥蜴）的一生可以划分为水生和陆生两部分。它们的幼年阶段——卵及蝌蚪，都是水生的。蝌蚪有鳃，但随着它们的成熟，肺接管了呼吸的任务，使它们能够呼吸空气。早期的两栖动物可能大部分时间都在水里，但是，随着进化出更强壮的骨骼、更有效率的肺器官和不易脱水的皮肤，它们在陆地上生存的时间越来越长。

随后的数百万年，长达几米的大型两栖动物是陆地上的顶级掠食者，其在食物链中的位置类似现代的鳄鱼。但随着更加适应陆地生活的爬行动物的出现，它们的地位一落千丈。

最初的陆生植物

原始的植物，如藻类（包括海藻）曾在海洋中生活了数亿年。在海洋的良性环境中，它们体表的所有部分都可以参与到光合作用所需的气体交换中。作为大多数陆生植物种群的重要特征，可以用来循环水、营养物质和重要的化学物质的脉管系统，出现在4.16亿年前的志留纪末期。这样的系统还为植物提供了结构支持，可以帮助它们与邻居竞争，最大限度地获取阳光。植物通常越长越高，在石炭纪时期（3.59亿～2.99亿年前），大片的蕨类植物、石松、马尾草长得与现代的树木一样高。所有的早期植物都通过孢子繁殖。最初的种子植物，如松柏类，出现在石炭纪末期。和孢子不同，种子可以为幼苗提供养分、水和必要的保护。很快，种子植物就占据了大陆上的统治地位。

恐龙的时代

两栖动物从来没有完全适应陆地上的生活。它们对水的依赖限制了栖息地的范围。直到爬行动物进化出来，第一种真正的陆生脊椎动物出现了。

爬行动物——包括鳄鱼、龟类、蛇、蜥蜴和已经灭绝的恐龙——的成功可以归纳为两个原因。第一个是它们有可以保持体内水分的能力。第二个则是爬行动物的卵具有某种特质，使它们并不需要在水中产卵。

爬行动物的胚胎外有一层膜，可以为胚胎提供自己的水环境。卵黄为胚胎提供了食物，其外层的膜可以用于呼吸和废物的排出。蛋清或蛋白提供额外的缓冲，以及水分和蛋白质。所有这些都包裹在另外一层保护膜及外壳之中。

最初的爬行动物出现在大约3.4亿年前的石炭纪时期，那是只有20厘米长的小家伙，生活在植物茂密的沼泽中——这是两栖动物的完美栖息地。但随着气候越来越热，越来越干燥，两栖动物发现它们无法适应陆上的生活。爬行动物的统治开始了，并在恐龙的时代达到巅峰，其间持续了1.65亿年。相比之下，我们人类脱颖而出的时间简直短得可怜。

恐龙的祖先是槽齿类动物，类似现代的鳄鱼。它们强有力的

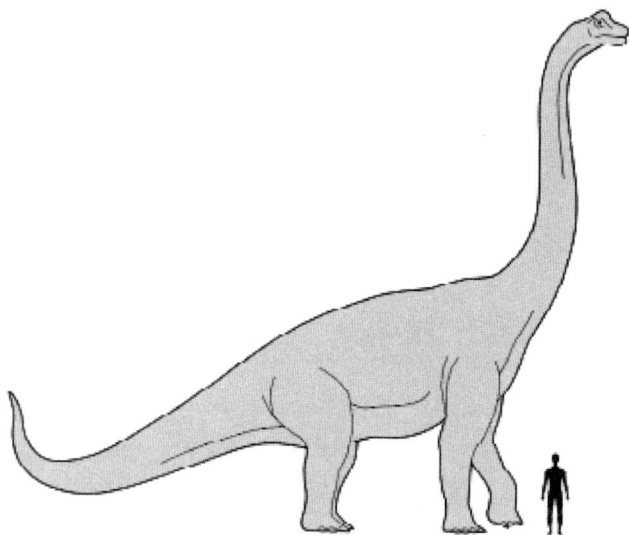

腕龙，已知最大的恐龙，右边是一个人类形象作为对比

尾巴可以帮助游泳，并借助强壮的后腿扑向猎物。当它们登上陆地后，强壮的后腿可以用于行走，而巨大的尾巴则用来保持平衡。

第一种真正的恐龙（这个词在希腊语中的意思是"可怕的蜥蜴"）出现在2.3亿年前的三叠纪时期。恐龙是最成功和最多样化的动物种群之一。它们当中既有食肉动物，又有食草动物；有的居住在沼泽，有的生活在平原；有的独居，也有的群居；最小的和一只鸡差不多大，而最大的可以达到30多米，相当于四层楼的高度，重量超过100吨。

有些爬行动物统治了海洋，比如鱼龙和蛇颈龙，而天空则是翼龙的领地。这是一种会飞的爬行动物，其翼展可以达到10米。

此时，还有一些有羽毛的生物也开始在天空中翱翔。它们是现代鸟类的祖先，属于某种温血恐龙。始祖鸟化石的发现弥补了这"缺失的一环"[1]，那是一种有翅膀的生物，可以追溯到1.54亿年前。这种生物具备爬行动物的特征——比如牙齿，以及鸟类的特征——比如真正可以用于飞行的羽毛。所以，恐龙并非在6600万年前就完全灭绝了，一些恐龙仍然以鸟的形式活着。

温血动物和冷血动物

许多种类的恐龙类似现在的爬行动物、鱼类和两栖类动物，是变温动物（冷血动物）。这些动物需要借助外部力量来控制自己的体温，比如说，经过夜晚的休眠之后，它们必须在太阳下将身体晒暖才能重新活跃起来。这就意味着它们无法像恒温动物（温血动物）那样适应多变的气候条件，例如其他一些恐龙、鸟类和哺乳动物。恒温动物可以通过活动（比如颤抖）来使自己暖和起来，也可以通过出汗和喘息来散发热量。

---

[1] 100多年前，人们始终无法找出鸟类的进化起源，这也被称为"缺失的一环"。直到1861年德国索伦霍芬出土的羽毛化石及随后出土的始祖鸟化石的出现，才终于证明了鸟类也是由恐龙演变而来的。

大规模的物种灭绝

6600万年前，在恐龙突然失踪之前，地球上曾经发生过数次物种大灭绝。生命一直在不断地灭绝着——这是进化的本质。但是在某些时段，灭绝的速度达到过极高的峰值。

假如我们给物种灭绝这样下定义：50%或者更多的动物种类突然消失，那么，在过去的5.4亿年中，总共出现过5次生物大灭绝。还有许多重要的灭绝事件，只不过物种消失的比率都不超过五成。

这些大规模的灭绝已经通过多细胞生物的化石得以证实，进而我们可以推断，早期的单细胞生物也曾经经历过大的灭绝，只不过它们并没有留下太多的化石线索。我们知道，在大约24亿年前，大气中的氧气越来越多——这是通过微生物的光合作用产生的，而氧气被证明对许多其他的微生物有致命的剧毒。

距离我们比较近的几次大规模灭绝的原因尚不明了。任何貌似合理的解释都不得不面对这样一个事实：尽管大量动物灭绝了，但仍然有许多动物存活了下来。或许某次灾难性的事件可能带来最后的打击，但在这之前，针对某些动物种群的环境压力应该是长期积累起来的。这就是所谓的"压力/爆发"模式。

一共有三种不同类型的灾难——或者说"爆发",可以被视为最有可能当选的候选人。我们知道,在远古时期有大量的火山活动,经过多年的喷发,火山灰充斥着整个大气。这严重地遮挡了阳光的照射,抑制了光合作用,也就影响到了几乎所有食物链上的基本食物供应。火山喷发也将大量的二氧化硫和二氧化碳排放到大气中。二氧化硫会导致有毒的酸雨,而二氧化碳和全球变暖息息相关。

第二位候选人是海平面的下降,最有可能是由全球变冷造成的,这发生在冰期——更多海洋的水被封冻在冰盖之下。海平面的下降减少了大陆架的面积——那是海洋中最具活力的区域,同时也会造成气候变化的紊乱。

最后的候选人也是最具戏剧性的。在这种剧情设计中,一颗巨大的小行星或者彗星撞击了地球。猛烈的爆炸会造成具有极强破坏性的冲击波,还会引起大海啸和大面积的森林火灾。如果造成火山喷发,大气会充满烟雾和灰尘,阳光被完全封锁,进而摧毁整个食物链。如果这个天外来客撞击到富含硫的岩石,则可能会带来大范围的酸雨。现在,人们普遍相信在6600万年前,一颗很大的小行星撞击了地球,但这是否就是恐龙灭绝的唯一原因呢?争论依旧存在。

大规模的灭绝为进化带来了机遇,留下了许多的生态上的空间。随着恐龙的灭绝,一系列较小的、不显眼的动物,在存在了1.5亿年之后,终于抓住了发展的机会,迅速繁衍并占领整个地球。它们就是哺乳动物。

最后的晚餐

我们也许正处于另一场大规模灭绝的过程中。一些科学家估计，每一年，都会有多达14万种生物（其中包括许多尚不为人所知的植物和无脊椎动物）灭绝。你知道是因为什么吗？

人类的活动。

哺乳动物来了

最初的真正哺乳动物只比恐龙晚出现了1000万年。但在巨型爬行动物长期统治的时期，这些早期的哺乳动物只能保持与家鼠和鼩鼠类似的体形和生活方式。它们那温暖的血液——这在恐龙中并不常见——使这些早期的哺乳动物可以在夜间活动，从而避免成为恐龙的捕食对象。同样，由于它们较小的体形并不需要过多的食物，这也帮助它们熬过了恐龙灭绝时的大灾难。

"哺乳动物"这个词来自拉丁语词汇"mamma"，也就是"乳房"的意思，意为幼崽靠母亲乳腺中产生的乳汁为生。几乎所有哺乳动物还有另外一个共同的特点：身体表面覆盖着毛皮。第三个常见的特征是具有与其他脊椎动物相比相对较大的大脑皮层，即与智力相关的大脑组织部分。

哺乳动物大体可以分为三大类：单孔目哺乳动物、有袋类哺乳动物和有胎盘哺乳动物。时至今日，单孔目动物只存在于澳大拉西亚①，种类也仅限于鸭嘴兽和两种针鼹。它们没有外露的乳头；乳汁从乳腺中渗出，幼崽直接从母亲的毛皮上舔食。

单孔目动物还有两个在哺乳动物中独树一帜的特点，这是从它们的爬行类动物祖先那里继承下来的：它们只有一个腔孔用于

---

① 澳大拉西亚，一个地理范畴，一般包括澳大利亚、新西兰及附近南太平洋诸岛。

排泄和生殖；它们都是卵生的。卵大约需要10天就可以孵化出来，然后发育并不完全的幼崽会在母亲身边度过3～4个月的哺乳期。最早的哺乳动物可能都是单孔目动物。

有袋类动物的幼崽是活着出生的，但是，和单孔目动物的幼崽一样，它们刚出生时发育也不完全。幼崽发育的大部分阶段都是在母亲的育儿袋里度过的，在那里它们可以找到乳头。今天，有袋类动物主要包括袋鼠、考拉、袋熊、袋貂——全部生存在大洋洲和美洲。而在过去，它们分布得相当广泛，种类繁多，甚至包括诸如袋剑齿虎（一种大型的剑齿类猫科动物）和袋狼这样的顶级掠食者，而后者是在20世纪初才遭到灭绝。

今天，地球上种类最繁多、分布最广泛的哺乳动物是有胎盘哺乳动物，它们得名的原因是由胎盘供给胎儿在母亲子宫内的营养和氧气。胎儿待在子宫里的时间比有袋类动物要长，因此其幼崽出生时发育得更加完全。不过，一些动物（比如人类）的新生儿仍然十分弱小，必须依靠父母多年的保护和抚养，而另外一些动物（比如羚羊）在出生时就可以直立行走，时刻准备随它们的母亲一同奔跑。

哺乳动物已经适应了任何一种栖息地，从高山到茂密的森林，从北极到热带地区。有些动物，像鲸鱼，甚至又回到了海洋。而还有一些，比如蝙蝠，已经掌握了飞行技能。但是，只有一种哺乳动物成功地适应了各种气候和栖息地。这是因为他们并不依赖于毛皮，而是根据天气的变化选择适当的衣物，他们会使用火，能够建造庇护所，并使用工具，而不是用爪子和牙齿来捕捉和杀死猎物。

人类的出现……是依靠了难以计数的事情共同作用产生的偶然结果，只要其中任何一件出现变数，历史都将朝不同的方向演变……

——斯蒂芬·杰·古尔德，《地球生命的进化》,《环球科学》杂志（1994 年 10 月）

我们从哪里来

人类属于灵长类动物，这是哺乳动物的一个分目，也包括狐猴、懒猴、猴子和猿。事实上，人类就是一种猿。我们有超过98%的DNA与黑猩猩以及它们的近亲——倭黑猩猩相同。

灵长类动物都有非常灵巧的双手，许多甚至还有灵活的双脚。大多数灵长类动物的拇指与其他手指方向相反，这使得它们能够掌握和操纵物品——这是使用工具的一个先决条件。它们的眼睛很大，正对着前方，这为其带来了良好的视野——这也是判断距离的必要条件。与其他动物相比，灵长类动物的脑容量相对较大，这赋予了它们极强的学习和适应能力。幼崽待在母亲身边的时间也比其他许多动物要长，这样它们就有足够的时间来学习技能和生活习惯。许多灵长类动物都生活在复杂的社会群体中。

6600万年前，当恐龙灭绝的时候，最初的灵长类动物就出现了。它们在体形和外观上很像松鼠或树鼩。第一种真正的灵长类动物出现在大约1000万年之后。这种类似狐猴和懒猴的动物迅速蔓延到世界各地。但是，当3400万年前，猴子出现的时候，它们受到了极大的挑战。今天的狐猴只生存在马达加斯加岛，这里从来没有出现过猴子的身影。最初的类人猿出现在2300万年前，而直到大约700万年前，我们的祖先才与黑猩猩和倭黑猩猩的祖先分离开来。

那个时候，大面积的热带雨林被更加广阔开放的林地和草原所取代。随着环境的变化，古猿们迫切需要一种更加适应地面，而不再是树上的生活方式。大约在600万年前，早期的人类开始依靠后腿进行短暂行走。这种能力被称为直立行走，这意味着他们可以看到草丛里的捕食者和猎物。它还减少了皮肤暴露在阳光下的面积，并增加了步伐的幅度，使人类可以走出更远的距离。直立行走不仅扩大了人类狩猎和采集食物的领地范围，而且使他们可以举家迁移到不同的地方。

我们的近亲

我们与黑猩猩和倭黑猩猩共享98.7%的DNA，但后两种动物之间的行为方式却不尽相同。黑猩猩是雄性主导的族群，共同狩猎，具有很强的领土意识，并可能杀死其他黑猩猩。只有地位高的雄性才可以交配。黑猩猩会使用各种各样的工具，例如，用工具砸开坚果或捕捉蚂蚁。而使用工具的现象只有在被圈养的倭黑猩猩中才能被观察到。

倭黑猩猩的群体中占主导地位的是雌性（且彼此之间有着亲密关系），与黑猩猩相比性别分化更少。不同的倭黑猩猩族群间具有重叠的领土，至今尚未观察到有群体狩猎的行为。雄性与雌性倭黑猩猩之间的性行为非常频繁，甚至有同性性行为。性行为并不仅仅是为了繁衍需要,同时也是重要的社会关系纽带和解决冲突的方式。这被称为"和平的性"。

有人说,行为是由基因决定的,这种说法饱受争议。但有一点是可以肯定的,人类在某些方面的行为与黑猩猩非常相似,而在另外一些方面,则又很像倭黑猩猩。

第三章　人类主宰地球

　　从早期人类第一次出现在非洲开始，关于我们的祖先——智人是如何开始统治这个星球的就一直众说纷纭。早期人类大脑容量的增加是至关重要的，这给了他们适应环境的能力，特别是使用工具和掌握火的能力。这种适应性使得人类物种——特别是智人，能够在各种气候条件和地形下生存和繁衍，从热带的大草原到沙漠和高山，甚至跨越地球上最寒冷和最炎热的地区。

时间表

Timetable

20万年前
有证据表明，智人第一次出现在非洲。

15万—5万年前
语言开始发展。

10万年前
人类开始走出非洲；早期的墓葬中出现随葬品。

7.5万年前
出现穿孔的贝壳项链。

4.5万年前
欧洲出现早期真正的现代人。

4.2万年前
木质和骨质的长笛出现在欧洲。

4万—3.5万年前

在欧洲出现了雕刻在石头和象牙上的人类、动物及人兽混合形象。

3.8万—3.5万年前

洞穴绘画艺术已经高度发达。

2.2万年前

最后一次冰期的顶峰。

1.9万年前

有证据表明在中东地区出现成片的野生谷物。

1.4万年前

狗由狼驯化而来，不过这可能发生得更早。研磨石器首先在中东得到使用。

1.3万年前

中国出现了已知最早的可随身携带的艺术品——灵井遗址发现的鹿角雕刻。

1.2 万年前

欧洲的冰川开始融化。

8000 年前

小麦和大麦的种植从中东传播到尼罗河流域。

7000 年前

中国长江三角洲地区的渔猎部族开始种植水稻。西欧出现了以谷物种植为主的村落。

4500 年前

有证据表明,南美洲出现了长途贸易。

人类的过去和现在

近几十年发现的化石，向我们揭示了一系列令人眼花缭乱的早期类人物种，其中大多出现在非洲。这里只有一部分是我们的直系祖先，其他的则干脆早已灭绝了。我们所处的位置，其实只是一棵枝繁叶茂的家族树上的一个分支末端。

由于早期的人类花在地面上的时间越来越多，直立行走——用双脚而不是四肢——在400万年前就已经成为常态。早期的人类进化出了一些解剖学上的变化，以适应新的行走方式，比如腿变得比手臂长，可以支撑全身的重量。因为不再需要用于行走，双手变得更加易于掌握和控制物品，例如食物、工具和武器。

最早使用工具的证据出现在260万年前。在随后的200万年里，人类一直使用简单的石片和石块（后期还曾经用过骨质的工具）来切割、敲打和粉碎。这样的工具使他们能够开发一系列新的食物，并从更大的动物身上切割肉。

我们这一谱系中已知最早的成员——能人，出现在240万年前。能人（意为手巧的人）的化石最早是1964年①在坦桑尼亚的峡谷中被发现，其之所以得名，是因为他们被认为是第一种可以使用工具的人。能人生存了大约100万年，然后走到了进化的尽头。

___

① 一说最早是1960年发现的。

我们无法确定人类第一次离开非洲是在什么时候，但是我们知道，早在160万年前，另外一个种群——大约190万年前首先出现在非洲的直立人，已经来到了东南亚的印度尼西亚和中国。直立人在进化方面取得了巨大的成功，并一直生存到了14.3万年前。他们是第一个使用火来煮食肉类的物种，另有证据表明，他们还会照顾老人和弱者。

大约70万年前，直立人的一个旁支开始进化出更大的大脑。这就是海德堡人，他们是第一支在欧洲寒冷地区安家的人类。此外，他们还有一些近亲选择留在了非洲。海德堡人可以制造复杂的石头碎片，并用木质长矛狩猎大型动物。他们的后代就是欧洲穴居人（尼安德特人），而留在非洲的部分则演变为现代人（智人）。这两个种群大约出现在20万年前，而现代人直到10万年后才离开非洲。[1]

有记录表明，尼安德特人在4万~3万年前消失。人们一度认为早在4.5万年前，当现代人进入欧洲之后，尼安德特人被打败或者屠杀，直至灭亡。但是最近的研究表明，许多走出非洲的现代人的DNA中，有2%与尼安德特人相同。可以肯定的是，几千年来，这两个种群之间一直在相互杂交，而我们中的许多人肯定有一些是尼安德特人的后裔。

---

[1] 海德堡人是相对比较庞杂的一个人类族群。一般认为，海德堡人分为两支，一支为欧洲海德堡人，另一支为非洲海德堡人。在冰期，被隔离在欧洲的海德堡人，演化成了适应寒冷生活的欧洲穴居人或称为尼安德特人（Homo neanderthalensis）。而非洲海德堡人演化出了现代人或称为智人（Homo sapiens）。曾有人认为，正是从非洲走出的现代人，灭绝了欧洲的尼安德特人，并成为现在人类的祖先。

尼安德特人：竞争对手还是我们的祖先？

尼安德特人一般比现代人要矮小和粗壮，但长得很相似，他们的大脑实际上比现代人要更大。他们会埋葬死者，用石珠项链之类的饰品装饰自己，他们也是第一种穿上衣服的人类——特别是生存在欧洲寒冷的气候条件下。他们很有可能已经拥有了语言。

人类何以称为人

假如有的话，是什么使人类有别于其他动物的呢？几个世纪以来，甚至可能几千年来，人类从未质疑过自身的优越性，我们坚持认为这种差异是物种之间的差异，而不是程度上的差异。

尽管有些人类文明认为，自己只是自然的一部分，但大多数的宗教——比如犹太-基督教①却宣称：神以自己的形象创造了人类，并且给了他们主宰地球的权力。但我们现在知道，人类与其他灵长类动物——比如狐猴和黑猩猩——有着共同的祖先。在进化史上，也没有任何一个时间节点，可以确定人类与其他动物有所不同。

尽管如此，人们依然坚持着自己的特殊地位。我们认为，许多特征是人类独有的，比如意识、思想、自由意志、语言、技术和文化，等等。但是，科学正在逐步证明，这些说法都不成立。

意识不仅是我们对周围环境的感知，同样是我们对自身的认识。它是主观的——是一种只能被意识主体感知的内部状态。但

---

① 犹太教、基督教和伊斯兰教，统称"亚伯拉罕诸教"，后两者起源于近东地区古老的犹太教，即"一神教"（在本书的后面章节有所叙述），这也就是为什么耶路撒冷会成为三个宗教的圣城。因此，在书中，有时会使用"犹太-基督教"的称谓，来表示某些传统、观念等一脉相传。

是，科学家们发现，意识也有其客观的一面，可以通过行为方式和大脑活动观察到，这一发现不仅对人类有效，在哺乳动物、鸟类甚至软体动物身上亦然。

意识的很多方面，比如，故意的行为、选择和自我识别，已经在其他动物身上被广泛地观察到。有一个简单的测试，使用一面镜子，就可以看出被测试的动物是否知道它看到的是自己，而不是其他同类。许多其他种类的灵长类动物已经通过了这个测试，还有亚洲象、瓶鼻海豚、逆戟鲸和欧亚喜鹊。

同样，并不仅仅只有人类才会使用工具。黑猩猩会把树枝伸进洞里去"钓"蚂蚁，海獭可以用石头打破贝类，而一种生活在新喀里多尼亚的乌鸦能够将树枝做成钩子，用来从够不到的角落里攫取食物。

> 人类只是最近才有的一个发明。
>
> ——米歇尔·福柯，《物之序》（1966年）

很难判断上述这些行为是先天的本能还是后天学会的。如果是后天学会的，那么我们就可以说这个物种获得了一种文化（参见第59页）。说到动物文化，一个众所周知的例子是一群日本猕猴。起初，猴子们在吃番薯之前，只是简单地擦掉上面的泥土，直到一只猴子把番薯放进海水中清洗。随后，其他猴子都开始模仿这一行为，并且一代代流传下来。

不同种类的鲸鱼和海豚，其发声方法也各有不同，因此它们唱的每一首"歌"似乎都被打上了该种群的烙印。这些歌曲也会随着时间的推移而不断变化。我们不知道这些歌曲是否含有足够的信息，从而被称作语言——迄今为止，没有人确定它们是否真正具有"意义"。其他动物的发声也有着类似的多样性。虽然黑猩猩已经学会使用手语，但怀疑论者指出，实验中黑猩猩尚未做出任何主动提问。这就表明，意识是人类独有的。不过，30多年前，动物心理学家伊琳娜·派珀博格曾经教过一只叫亚历克斯的非洲灰鹦鹉，它能够说最基础的英语，并且区分各种颜色、形状和大小。在测试中，亚历克斯问道："它是什么颜色的？"在重复答案六次之后，它学会了说自己是"灰色的"。这是唯一已知的一个非人类物种问出现实问题的例子。人类与其他物种之间的界限正逐渐模糊。

文化

对人类学家和历史学家来说，"文化"一词包含了所有非本能的行为，是有意识地创造和传递的行为的总和。因此，任何通过学习得来的行为都属于文化。

本能的行为是由基因控制的，因此是一个物种中所有成员的共同行为。新孵化的海龟会自动地穿过沙滩走到海边；蜘蛛不需要教导，就能织出复杂的网。人类也具有与其他动物相同的本能，比如，进食、睡眠、繁殖和哺育后代的需要。

模因

生物学家理查德·道金斯创造了"模因"（meme）这个词，相当于文化中的基因。模因是指任何可以用来传播的思想、行为、风格或技术。一些模因——比如黏土书写板——曾经流行一时，直到被更好的东西所取代。而另一些模因，比如"上帝"这个概念，则被证明可以持续得更久。

虽然在其他动物中，大多数行为都是本能的，但万事总有例外，比如，黑猩猩、乌鸦和其他一些动物就具有制造和使用工具的能力。人类的优势在于我们文化的高度复杂性。技能和技术的积累，使人类能够适应比其他动物更广泛的栖息地。在寒冷的气候下，他们并没有长出厚厚的皮毛和一层脂肪，而是发明和传播衣服、住房、工具和狩猎技术等模因。文化的进化减少了自然选择对我们这个物种的影响，较弱的个体可以获得更多生存和繁殖的可能，生命演化的进程被大大减缓了。

文化给人类带来了巨大的竞争优势。在上一次冰期结束的时候，大约有1000万人生活在地球上。而今天，仅仅过了大约1万年，全球人口就已经超过了70亿。人类文化进化的速度在稳步提升，尤其是在农业开始兴盛之后（参见第91页）。

随着农业的发展，全新的、更复杂、更具层次性的社会和政治组织体系出现了。农业产品的过剩使得一些人能够生活在城市里，专门从事制造业，不用直接参与食品生产。这反过来又加快了技术和智力的发展速度——这种循环过程一直持续到了今天。其结果就是在短时期内带来一场巨大的变革，而处于变革的中心，我们根本无从判断其长期的影响。在过去，人类社会——也许是一群猎人，或者一个村庄——的每一位成员都相互熟悉和了解。而今天，有数千万人口的城市、数十亿人口的国家、业务遍及全世界的大企业。

文化与自然选择

有时候，某种文化的创新可以成为生命演化的驱动力。大约7500年前，生活在欧洲中部和东南部的牧民改变了一个生活习惯，从此成人乳糖不耐受症成为历史。而在此之前，人类在断奶后是无法摄取任何乳制品的。此后，人们可以充分利用这种食物来源，喝牛奶成为一种广泛而全新的文化实践，并为我们带来很多好处。耐乳糖基因不断传播，并在世界各地的许多人类族群中被发现——除了那些不饲养牛或其他产奶家畜的社会中。

另一个例子是导致镰刀状细胞贫血症的基因。镰刀状细胞贫血症是一种非常痛苦的疾病，会引起器官损伤。但同样的基因，却可以预防另一种更加危险的疾病——疟疾。在非洲，为了种植甘薯，农民会砍伐森林，这就增加了积水的面积，而积水又为蚊虫滋生提供了理想条件。这也就是为什么在非洲人——尤其是种植甘薯的农民中，镰刀状细胞贫血症相对常见。

人类怎样遍布世界

　　人类已经在除了南极洲以外的每一块大陆上永久地定居了。但是遍布各地的人们，相互之间绝不是没有联系的。今天人类世界的所有成员，其祖先都可以追溯到非洲。那么，我们是从什么时候开始走向世界的，又是通过什么方法呢？

　　人类走出非洲的确切时间目前尚不确定，在 10 万～7.5 万年前的某个时间。他们的迁徙获得了成功，因为他们的技术——工具、衣服、语言、合作狩猎的组织性、对火的使用，以及建造庇护所的能力都比早期人类更加复杂和高效，因此对不同栖息地的适应性也更强。

　　现在人们不知道的还有他们迁徙的频率，是一次性走出了非洲还是分成了若干次？不过，看起来人们迁徙的速度并不快——或许每年只是沿着亚洲南部海岸移动一到两千米。化石遗迹告诉我们，直到 5 万年前，他们才抵达了澳大利亚。这时还是最后一次冰期，大量的水被冻在冰盖下面。海平面下降，连接新几内亚岛和澳大利亚的一座大陆桥露出水面，因此人类可以很轻易地完成这部分的旅程。但是，这些人当初是如何渡海来到新几内亚岛的，却仍然是一个未解之谜——在那个时候可没有海船的存在。

非洲之外，总有新事物。

——老普林尼[1]，《自然史》第八章（公元1世纪）

尽管有尼安德特人这样的早期人类物种生活在欧洲，但现代人直到大约4.5万年前才到那里定居——也许是由于气候寒冷吧。美洲是现代人最后一个到达的大洲，在此之前，那里并没有早期人类定居过。最早的人类居住的证据，是在俄勒冈州的一个洞穴中发现的，根据碳同位素测定为距今1.43万年。过去，人们曾经假设这些远古人类是从西伯利亚东北部跨过大陆桥而来的——大约在今天的白令海峡。不过越来越多的证据表明，最早的移民是从海上来的，起初定居在大陆的西北海岸。

世界上最后经历移民的地方是太平洋上的岛屿。尽管波利尼西亚人在公元前800年就已经到过萨摩亚，但夏威夷群岛和新西兰岛的人类定居史只有不到1000年。波利尼西亚人驾驶着宽阔的双体独木舟，上面载着家庭成员、牲畜和农作物。在通常情况下，他们选择定居的岛屿都是捕鱼曾经到过的，但也有一些小岛非常遥远，以至于当波利尼西亚水手起航时，他们并不非常确定自己此行还能不能再次看到陆地。

---

[1] 老普林尼，即盖乌斯·普林尼·塞孔都斯，公元23—79年，古罗马百科全书式的作家。

冰的影响力

大约260万年前，地球进入了一个漫长的寒冷期。而温暖的间冰期，则将其分隔成很多次的冰期。这一阶段被称作更新世，它见证了我们人类所有已知成员的进化过程。或许，正是富有挑战性的气候条件才促进了这些进化，以及文化的创新和技术的发展。

在地球的悠久历史中，更新世冰期只是距离我们最近的几次。科学家们弄不清楚是什么原因形成了这些冰期。地球运行轨道的改变、大陆板块的漂移、海洋洋流的变更以及大气组成成分的变化都曾经被提出过。

在更新世最寒冷的时期，全球气温下降了5摄氏度，而在间冰期，地球的温度和今天的非常相似。事实上，我们也许正处在一个始于大约1.2万年前的间冰期内，那时，最后一次冰期刚刚结束。也有一些科学家认为，新的冰期早就应该开始，只不过被人类带来的全球变暖给推迟了。

在寒冷的冰期，冰盖从两极和高山上一路蔓延下来，覆盖了北美洲的大部分、北欧和亚洲北部地区，并且向南形成了大片的冰原和永久冻土带。在冰盖下冻结了大量的水，有些地方甚至厚达3千米，这导致海平面的下降，陆地之间的大陆桥也露了出来——比如西伯利亚和阿拉斯加之间，以及英国和欧洲大陆之间的大陆桥——这也使得包括人类在内的许多动物可以迁移到新的领土上。而干燥的气候也在扩大着沙漠的面积，比如撒哈拉沙漠和中国的戈壁滩。

这种极端的生存条件使大量的动物濒临灭绝。各种哺乳动物为了适应这样的天气，长出了越来越厚的皮毛，体形也不断变得更加庞大，以更好地保存热量。这种巨型动物包括猛犸象、乳齿象、洞熊、巨型树懒、剑齿虎和长毛犀牛，以及现存的物种诸如狼、麝牛和驯鹿。一些人类种群也变得越来越高大，越来越有力量。而包括我们的祖先在内的另一些人类种群，则通过进化出更大的大脑来适应更苛刻的环境。他们依靠更多的是自己的智慧，而非体力。

我们的近亲尼安德特人——他们的脑容量甚至比我们的还大——也逐渐适应了冰期欧洲寒冷的天气条件。一个明显的例子就是尼安德特人那硕大的鼻子，它可以把寒冷的空气变得温暖和湿润起来。他们制造出更为先进的石质工具和武器，并成群结队地猎杀猛犸象之类的大型猎物。他们还掌握了火，并用火煮熟肉类和蔬菜。一些尼安德特人住在洞穴里，其他人则建造更为临时的住所。在乌克兰的一个史前遗迹中，曾发掘出用猛犸象的骨头和象牙搭建的房屋。

大约4.5万年前，第一支现代人部落到达了欧洲。他们同样猎杀猛犸象，并且逐渐取代了尼安德特人（参见第54页）。但即使是在最后一次冰期结束时，整个欧洲可能总共也只有3万人，而在美洲大陆，也才刚刚有人类出现。

巨型动物的灭绝

到最后一次冰期结束时，很多大型动物——包括猛犸象和长毛犀牛——都消失了。对此，科学家们给出了一些解释：人类的过度捕杀、气候变化、疾病，甚至是一颗彗星或小行星的撞击。我们不妨大胆地猜测一下，这或许是不止一个因素共同作用的结果。

从清道夫到猎人

在农业出现之前，人类一直是靠天吃饭。狩猎、采集，甚至是动物残骸都能成为他们的食物来源。但是任何地区的食物资源都是季节性和有限的，因此，我们的大多数祖先都不得不过着流浪的生活。

最初，我们的人类祖先更像是清道夫而不是猎人。他们不仅从灌木和树木上采集食物，那些由于自然原因死亡或是被食肉动物吃剩的动物遗骸也在他们的食谱中。在大约260万年前，简单的石器工具出现了，这使人类能够更有效地利用找到的动物尸体。这些早期的工具主要由一块小小的岩石构成，如一块鹅卵石，人类将其与另一块石头碰撞，直到砸出一个斜边或者是锋锐的尖端。使用这样的工具，早期的人类能够很快地肢解尸体，并将其带到一个更安全的地方享用。他们还可以砸开骨头，食用富含营养的骨髓，或者捣碎坚硬的蔬菜组织，比如块茎。

最早关于狩猎的有效证据来自德国的一处远古遗迹，在那里马被刺死然后吃掉。这可以追溯到40万年前，但是最近，在坦桑尼亚的奥杜瓦伊峡谷人们发现了大量角马、羚羊和瞪羚被屠杀的尸体化石，这表明或许早在200万年前，早期的人类（可能是能人）就已经开始狩猎了。据推测，他们可能是坐在树上，等到兽群从下面经过，然后用削尖的木棍刺杀它们。还有一些猎人可能依靠追赶猎物，直到后者变得筋疲力尽——这一技术直到今天仍然为一些狩猎团体所采用。

在直立人登上历史舞台之后，石质工具得到了改进，尤其是出现了手斧。早期直立人的手斧大约需要25次的敲击就可以制成，而后来的改进型则需要敲击65次左右。直立人还会用火烤的方式使木质长矛尖变硬。人类在学会了通过紧密合作获取食物的方式后，不仅加速了工具的进步，同时也促进了社会关系的发展。

活跃的狩猎行为使得新鲜肉类在人类食谱上的比例大大超过了残骸。肉是一种致密而富含蛋白质的能量源，肉类的消费量增加，就意味着人类不再需要长长的肠道了，那是为消化生的蔬菜和水果而生的。食物资源被越来越多地用于为最重要的器官——大脑供给养分。当直立人学会用火煮熟食物后，他们能够更有效地将食物转化为能量，而不必再长时间地咀嚼。

杀戮与合作

在20世纪早期，人类学家们倾向于相信人类有狩猎和杀戮的本能，而这也为发展矛之类的工具提供了动力。他们认为对这些工具的掌握可以解释人脑容积的增加。

今天，人类学家们愈加相信，正是相互合作带来的好处，才导致了大脑的进化。更大的脑容积，才能够产生语言和更复杂的社会关系。成功的狩猎往往需要个人之间的合作，而决定谁去狩猎和谁来采集，正是一种早期的劳动分工形式。

火

火是任何可燃物质——固体、液体或者气体与氧产生的剧烈反应。它破坏可燃材料，并放出热量和光。在自然界中，野火大多是由闪电引发的，还有少量是由火山爆发引起的。

各种生态系统的发展都和火息息相关。比如说，有些树木的种子不会发芽，除非火把它们坚硬的外壳烤裂。火还会清除林间地面的杂物，为幼苗的萌发留出空间和光照。

对于所有的动物来说，火都是既可怕又危险的。不过在人类的生活中，火也是必不可少的。它提供了热量和光芒，并且保护其不受捕食者的伤害。它还可以帮助人们把森林开垦成农田，以及烹煮食物。驯服和掌握火的能力是早期人类最重要的技术突破之一。我们不知道祖先们第一次使用火是什么时候，但有证据表明，早在100万年前，生活在南非的人类就已经学会了用火。但是，直到10万年前，火才开始被广泛地应用到人类的生活中。

生火需要很多的准备工作。人们要将两块燧石相互敲击以产生火花，或者用两根树枝一起摩擦，以产生足够的热量来点燃干草。还有更为复杂的生火方式，将一根棍子插在一块木板上的凹孔中，然后用手或弓搓动使棍子飞快地旋转。这一切都需要时间和精力，所以流浪的猎人设计出很多方法来携带阴燃的余烬，以便可以更加容易地生火。

火是一个好仆人，却是一个坏主子。

——英国谚语（17世纪初）

火的温暖使人类能够在寒冷地区生存。火同样开启了烹饪的大门。或许，人类历史上的第一份熟肉是一大块生肉掉到火中的时候产生的。科学家相信是直立人首先学会了制作熟食。这是因为他们的臼齿要比其他猿类生物小很多。这表明，他们可能每天只要花上不到两小时，就可以咀嚼掉自己的食物，而黑猩猩则需要每天花费1/3的时间来吃东西。这些早期人类不仅可以从熟食中吸收更多的热量，而且烹饪也使他们把一些原本不易食用或者难以消化的东西变成新的食物来源。

火后来成为人类技术的一个重要组成部分，从陶器和金属的加工到蒸汽发电，再到内燃机。它还被赋予了一系列的象征意义，比如，在献祭和火葬中使用，或者作为终极惩罚的手段，或是作为纯洁、真理和爱情的体现，以及激情和灵感的化身。

狩猎和采集的技术

几十万年中，人类一直依靠手斧和木矛之类的简单工具谋生。后来，他们学会了使用更加复杂和有效的工具与武器。这是一次新的巨大突破，使他们的猎物种类更加广泛。最终，适应了多种不同环境的人类开始逆袭，他们改造自然，让环境来适应自己。

人类最初开始狩猎的时候，使用的是完全由木头制成的刺矛（参见第67页）。刺矛要求猎人们接近猎物，这在猎取大型动物的时候就非常危险了。而那些可以从远处投掷的武器，则降低了猎人们面临的风险，并进一步扩大了猎物种类的范围。一支投掷矛可以产生更高的效率，尤其是在木杆上装备了一块沉重的石质矛尖之后。

在大约50万年前，生活在现代南非的海德堡人——智人和尼安德特人的共同祖先——已经开始使用石质矛尖。这些尖锐的石头可能装备在刺矛上。人们曾经认为，只有智人才有足够的智慧来设计这样的武器，但是在埃塞俄比亚距今大约28万年的遗址中，人们发现了一些由黑曜岩（火山玻璃）制成的矛尖，据分析，它们应该是海德堡人制造的投矛矛尖。

直到大约20万年前，当现代人出现后，我们的祖先才开始采取更广泛的生存策略。这些人留下的大量工具表明，他们的捕猎范围比早期人类更大。他们甚至还会捕鱼。工具的制造方式也越来越复杂：在大约3万年前，欧洲人类使用的石质刀具需要9个步骤、大约250次的敲击才能制成。在这一时期，现代人制造了许多工具，比如骨质的鱼钩和倒刺鱼叉。他们还开始制作网，不仅是为了捕鱼，也为了诱捕一些小型动物。骨质缝针出现在3万年前。已知最古老的弓箭出自1.1万年前的丹麦，不过在距今2万年的马格德林时期[①]遗址中，出土了一些石质碎片，它们非常轻巧，应该也是用来当作箭头的。

肉类是人类食谱的一个重要组成部分，但采集可食用的植物食材仍然非常必要，如根茎、叶片、坚果和浆果，当然还包括一些蛋类。生活在海边的现代人开始食用贝类。这些现代的狩猎者和采集者将一半多的时间花在狩猎上，将超过1/4的时间用于采集，剩余的时间则拿来处理食物。在农业时代到来之前，食物加工只局限于简单的方法，比如研磨、捣碎、切剥和烘烤。在最近的一次冰期（参见第62页），我们的祖先还学会了如何储存蔬菜等食物以应对严酷的寒冬。

改天换地

据我们所知，在农业时代开始之前，人类就已经开始改造环境，以扩大他们的食物产量。在温带地区，人们烧毁林地，以刺激草原的生长，这可以繁育更大的猎物族群。而在热带地区，人们实行"森林牧狩"，保护最珍贵的食物种类，而淘汰那些不可食用的物种。

---

① 马格德林时期是指欧洲的旧石器时代晚期，主要分布在法国、比利时、瑞士、德国、西班牙和波兰等地，被称为"狩猎者"艺术的黄金发展时期。

语言

或许除了使用工具，在人类文化的组成部分当中，没有什么比语言更重要的了。在协调各种群体活动时，不管是一次狩猎还是发射一枚航天器，传达复杂信息的能力都是至关重要的。而通过教授与学习，语言也成为传播文化其他方面——思想、技术、行为举止等的主要媒介。

直到书写的诞生（参见第136页），语言仅仅局限于会话和手势。任何复杂的会话都涉及大量不同的声音，这就需要一个相对复杂的发声器官。虽然现代人和尼安德特人似乎具备这种器官，很可惜我们无法通过化石证据来证实这一点。

我们不知道语言是如何产生的。一些人认为，它可能是建立在一种比其他灵长类动物更复杂的社会关系的基础之上的。词语的起源可能是来自模仿，比如在一个孩子口中，牛可能就叫作"哞哞"。在大多数语言中，"母亲"这个词都发音"mama"，嘴唇的运动很像幼儿在寻找母亲的乳头。而在群体活动中，往往也存在一些简单的语音来指示人们去做什么——比如说"嘘！"或者"嗨——吼！"。

我毫不怀疑，人类的语言是起源于模仿和变化，它借鉴了符号和手势、各种自然的声音、其他动物的叫声，以及人类自己的发乎本能的叫声。

——查尔斯·达尔文，《人类的由来》（1871 年）

在20世纪60年代，语言学家诺姆·乔姆斯基认为，人类具有某种"语言本能"，因此年幼的孩子们往往可以轻易地学会自己的母语。他指出，在任何语言中，语法结构的原则都是共通的，并且已经融入我们的基因。

当然，人类的硬件设施的确不错：我们不仅有一套灵敏的发声设备，而且还有一个大脑可以用于记忆和联想学习。但是，真如乔姆斯基所暗示的，我们天生就具有内置的软件吗？答案似乎是否定的。"野生"的孩子——那些被动物抚养长大，或者完全与世隔绝的孩子——无法学会语言。这表明，孩子们在开口说话之前，需要大量的语言输入。那么，是否真的有一种通行于所有语言的语法规则呢？很可惜，在详细分析过许多种不同的语言后，我们并没有发现它的存在。不同的语言有自己独特的运行方式。有些语言中只有11种不同的声音，而有些则多达144种。词序的规则也大有不同。有些语言则完全没有语序，而是通过诸如创建复合词等方法来表达"谁在对谁做些什么"。

但语言的多样性，以及它们之间的相互关系，可以帮助我们了解现代人是如何在世界各地繁衍的。例如，研究表明，西伯利亚的某些语言和北美的某些语言都指向了一个共同的起源。语言也可以形成家族树，而这些家族树往往可以和基因的家族树相互对照——即便语言只是文化载体之一。有些语言——比如巴斯克语①——与其他任何已知语言毫无相似之处，这样的事实也表明了语言可以独立地出现。

---

① 巴斯克语，应用于西班牙东北部巴斯克地区的方言，在法国西南部地区也有使用。

亲缘关系

我们无法确切地知道，早期的人类群体是如何组织起来的，以及个人是如何看待自己在群体当中的位置的。人类学家们使用"亲缘关系"这个词，来形容这种社会关系网。

在不同的社会中，亲缘关系的概念有很大的差异，这说明亲缘关系是一种文化构建，而非生物学特征。比如说，尽管从进化学上来说，避免近亲通婚有很大的好处，但是对"近亲"的定义却存在着极大的差异。这个概念受遗传学的影响远远不及经济学以及亲族之间的性别观念和权力的影响大。

最小的亲缘群体是家庭。但是在不同的文化中，家庭的概念并不相同。在有些文化中，它指的是核心家庭（生物学上的父母和孩子）。而在其他文化中，家庭的含义则更为广泛，它指的是生活在一起或比较接近的人，包括祖父母、姑姨、叔伯、表姐妹等。有的地方，婚姻就是一夫一妻制，但是在另外一些地方，人们崇尚多配偶制——一个男人娶几个老婆，或者一个女人嫁给几个丈夫。现在，分期多偶制（一个人不断地更换性伙伴）已经成为西方社会的一个特征，比如同性性伙伴。生物技术的发展也带来了新的变化——试管婴儿、捐赠精子和卵子，以及代孕。人们甚至可以将那些与之没有生物学联系的人当作自己的后代，比如收养。

在一些文化中，例如阿拉斯加的爱斯基摩人，孩子们可以自行选择自己的父母。而在马来西亚的一些地方，如果你和某人吃过米饭，他就会成为你的亲戚。

远古现代人的狩猎—采集族群往往由几个家庭构成，总数不超过数十人。不同的家庭通过婚姻、友谊、血统和共同的利益而结盟。群体中的所有人都是平等的，并没有阶级之分，不过基于性别或年龄的关系，某些个人可能有更高的地位。很有可能，我们的祖先也采取了与亲缘关系类似的社会结构。

随着社会的发展越来越复杂，也出现了更大、更多样的亲缘系统。例如，后代的概念很容易产生巨大的变化。有些族群会按照母亲的血统传承（母系血统），有些会通过父亲的血统传承（父系血统），还有一些则两者皆可，而在另外一些族群中，后代可以选择自己到底是父系或母系的血统。

还有一些更大的族群，其中的每个成员都承认同一个祖先，这样的族群被称为氏族（这个词来自盖尔语[①] "clann"，即 "后代"的意思）。有些时候，氏族并非拥有一个共同的祖先，而是靠某个图腾、某种精神寄托，或是某样动物或植物维系在一起。在世界上的某些地方，同一个氏族的成员之间不能相互通婚。

氏族有时被视为部落，而更多时候，是部落下面的分支。在国家出现之前，部落是最大的社会族群，甚至今天在非洲的某些地方，人们依然认为自己独立于国家之外。把所有人聚集在一起的是亲缘关系，或是一种共同的祖先意识。他们通常将某个特定

---

① 盖尔语，一种古老语言，分为苏格兰盖尔语和爱尔兰盖尔语，主要应用于苏格兰和爱尔兰的凯尔特人聚集地，其发音类似于德语。

的地方视为祖源（即使他们大多以游牧为生），大多数有着自己的语言或方言。

社会地位

虽然在传统的狩猎—采集族群中，大部分人是平等的，但在更庞大的社会中，通常会出现一定程度的社会阶级，某些个人、家庭或领导者有着更高的地位，以及更多的权力、声望和财富。氏族和部落中通常会有首领，这份殊荣往往与狩猎或战争的成功有关，同时另外一些人也可能会受到大家的尊崇，比如祭司或者巫师，以及那些掌握了某种特殊工艺技能的人。

早期的宗教

　　我们永远不会知道自己的远古祖先都信仰什么，因为他们没有留下任何的书面记录。但有很多可供参考的证据，比如葬礼的仪式、陪葬品、雕像以及墓穴里的壁画，它们都说明，早在千百年前，宗教行为就已经出现了。

　　很可能是50万年前人类大脑的发展，才使得人们具备了抽象思维的能力。想象一些不存在的东西，对于开发新工具来说是必不可少的。这些都是宗教信仰的先决条件，但显然它们还不能构成宗教信仰。在符号传播尤其是复杂的语音（这就要等到尼安德特人和现代人出现之后了）出现之前，宗教信仰不可能产生。

　　有迹象表明，尼安德特人在埋葬死者的时候有举行仪式的风俗。在伊拉克库尔德斯坦的沙尼达尔洞穴中，发现过距今6.5万～3.5万年的男性尼安德特人遗体。他躺在鲜花搭建的灵床上。在其他地方，有些尸体被用赭石矿物染成了红色。更明确的证据则与现代人的出现有关，特别是在旧石器时代中晚期（参见第104页）。尸体在下葬的时候，往往会伴有陪葬品，这表明人们相信在来世的某个阶段，死者还会用到这些东西。在澳大利亚的蒙哥湖，人们在距今4万年的遗迹中发现了火葬的证据。而在同一时期的德国菏莱茵斯坦 – 斯达戴尔洞穴中，发现了已知最早的具象艺术作品。那是一个猛犸象牙的雕刻，它的身体是一具站立的人身，却有着一颗狮子的头颅，这或许代表了某位神祇。

3万年前，"维纳斯"的形象开始出现在欧洲和西伯利亚等地区——人们在旧石器晚期的遗址中找到一些裸体女人的小型雕像，它们的高度只有几厘米，材质包括石头、骨头和象牙。雕像只是泛泛地雕出双腿和头部，并没有手臂和双脚，但是胸部、臀部、腹部和耻骨部位却雕琢得相当精细，并且非常夸张。这引起了一些争议，有人认为它们与某种生殖崇拜有关，有人则认为这雕刻的只是某位母亲或是女神的形象。

宗教体现了人类心中的梦想。

——路德维希·安德列斯·费尔巴哈，

《基督教的本质》（1841年）

至少，在法国和西班牙的一些洞穴中发现的距今3万～1万年的岩画，应该具备了一定的宗教意义。拉斯科①岩画中出现了很多神秘的怪物，有的是半人半狮，还有一些则是人鸟同体的形象。这表明，作画的人很有可能信奉某种形式的萨满教。而在萨满教中——在今天的某些以狩猎和采集为生的族群中依然可以见

———————————
① 拉斯科，位于法国多尔多涅省。1940年在该地的岩洞中发现了很多反映史前人类生活的壁画，被称为史前的罗浮宫。

到——某个人会扮演类似牧师的角色。这个人通过击鼓，或是服用一些植物提取物来进入恍惚的状态。在这种状态中，萨满能够附身于某个动物，然后进行一次精神之旅，为族群的狩猎引导方向。萨满还会借助超自然的力量进行其他活动，比如占卜和疗伤。

艺术的起源

艺术是一种相对较新的文化构建，就创造而言，其价值仅仅在于审美。而在过去，人们提到"艺术"的时候，其含义往往指的并非艺术本身，而是一种与生产对象相关的、具备一定社会功能的工艺。

这种功能可能与某种仪式、宗教、族群意识，或是个人身份地位相关。在今天世界各地的许多社会当中，它依然存在。例如，在西方国家中，艺术品经常被富人们所收藏，作为其地位的象征或是金融投资。

想要了解"艺术"的起源，取决于我们如何理解这个词。早期人类制造的物体，比如200万年前简单的手斧（参见第68页），仅仅具有单纯的实际用途，并没有任何的装饰元素，也没有任何超出实际的需要——它们只是工具。

相反，一些新时期时代的石斧，工艺精细，而且经过一丝不苟的抛光。它们不是用来砍伐森林、拓展农田的，而是作为陪葬品来彰显其拥有者的身份地位。

一直以来，"艺术"被认为始于大约4万年前，是由旧石器时代中晚期的现代人创造的。菏莱茵斯坦–斯达戴尔洞穴的狮首人身像、"维纳斯"雕像，以及拉斯科岩画中的动物形象，被认为可能出于某种宗教的目的（参见第80页）。在印度尼西亚的苏拉威西也发现过同一时期的动物画。所有这些作品所描绘和雕琢的形象都清晰可辨，但是最近的研究表明，有些抽象的"艺术"可能要比这些古老得多。

2013年，考古学家在直布罗陀的戈勒姆洞穴墙壁上，发现了网格状的雕刻痕迹。这种类似井字形的标记距今至少3.9万年。而值得一提的是，它是由尼安德特人创作的。研究人员确信，这项工作费时费力，不可能是屠宰动物时不小心留下的划痕。他们认为，唯一的可能就是它们具有某种象征性的意义，这也证明了尼安德特人具有抽象思维的能力。

菏莱茵斯坦–斯达戴尔洞穴的狮首人身像

在戈勒姆洞穴被发现仅仅一年之后，古人类学领域再次受到震动。研究人员在爪哇的一处遗址中，发现了带有模糊锯齿图案的蚌壳。令人吃惊的是，这种图案是直立人在50万年前雕刻上去的。实验再次表明，雕刻这样的"涂鸦"相当费事，绝非无意为之。因此，不管它的创造者目的何在，这件作品都颠覆了我们对祖先们何时开始抽象思维的论断。

　　艺术不是一面反映世界的镜子，而是一把用来改造世界的锤子。

——苏联诗人符拉基米尔·马雅可夫斯基

庇护所

许多物种都会建造庇护所。有些动物的庇护所只有基本的结构，比如鸽子会在窝里放上一堆树枝。另外一些则称得上是伟大的壮举，从海狸筑造的水坝到白蚁堆砌的高塔，其中巷道纵横，曲折蜿蜒宛如迷宫，甚至还有育儿室、花园以及堪称杰出的通风系统。

相比之下，我们的远古祖先最初建立起来的庇护所就显得非常粗糙了。它们可能和其他猿类——比如黑猩猩和大猩猩的巢一样，是建造在树上的。但是，当早期人类离开非洲的热带雨林和热带草原，来到更加凉爽的地方时，他们找到或建造庇护所来遮风挡雨的能力就变得至关重要了。

早期人类居住的证据被完好地保存在某些洞穴中。他们居住在那里，但并未建立起真正的屋宇结构。不过对于旧石器时期的人类来说，适宜居住的洞穴实在是太少了，所以当时的人类很有可能已经建造出了一些露天的庇护所，只是没有被保存下来。

已知最早的野外庇护所是在法国南部尼斯附近的泰拉阿马塔遗址发现的。人们在这里找到了柱子留下的空洞，这证明了有某种椭圆形的木质框架结构的存在。有些建筑接近15米长、6米宽，它们甚至还带有壁炉。目前关于该遗迹的断代依然有争议：范围从38万年前到23万年前。

大多数这样的小屋或者窝棚都会有木质的框架。上面覆盖了不同的材料，从动物皮毛到涂了泥浆的芦苇，再到树枝茅草。屋宇的标准形状是圆形的。由于它们的建造者都是些逐水草而居的狩猎者和采集者，因此这些庇护所往往是临时性的。只有随着农业的到来（参见第91页），人们才开始生活在永久的定居点，并建造出更为耐用的庇护所——房屋。

最初的城镇

公元前8000年，巴勒斯坦的耶利哥城就已经发展成为拥有大约70座建筑、几百人定居的小城镇了。那里的房子是圆形的砖砌建筑物。这种新的建筑材料是由稻草和湿黏土混合而成，再塑造成带有弧度的块状，最后把它们放在阳光下晒干。砖墙建好之后，人们会在其外层敷上一层泥巴。大多数的房子都只有一个房间，而有些则最多有三个房间。整个城镇被一堵高墙环绕，或许是为了抵御洪水。墙上还造有一座超过3.5米的高塔，内部有楼梯直通塔顶。这是最早出现的楼梯结构，在当时也许是出于某种仪式的目的。土耳其的恰塔霍裕克曾经存在过一座更大的城镇，它于公元前7000年建成，能够容纳数千人居住。砖砌的房屋并不是圆形的，而是长方形的。在房子和房子之间并没有道路相连，人们往来于屋顶之间，通过梯子进入房间。室内的墙壁涂抹得非常光滑，炉灶里的炊烟可以通过天花板飘散出去。

服装

与工具、火和庇护所一样，服装在人类与寒冷天气的对抗中，也起到了至关重要的作用。不过构成服装的材料通常很容易腐朽，因此考古学上的证据非常罕见。一些保存最好的例子往往来自干旱地区，或者是北欧的酸性泥炭沼泽。

有间接证据表明，出现于20万年前的尼安德特人已经能够制造衣物。DNA分析表明，正是在这一时期，体虱（生活在衣服里）从头虱（生活在头皮中）中分化出来。而距今约10万年的石质刮器表明，尼安德特人可能使用这些工具清理毛皮上附着的肉屑。这些远古人类具有使用工具的智慧，可以狩猎诸如猛犸象、鹿、麝牛等大型动物。他们会把兽皮裁切成合适的尺寸，并且挖出可供头和手臂穿过的孔洞。我们无法想象，假如没有发展出这样的技能，他们该如何在欧洲那么多次的冰期中生存下来。

现代人在衣物制造技术方面的发展更为多样。他们同样需要适应最后一次冰期欧洲北部严酷的自然环境。在格鲁吉亚的一个洞穴中，人们发现了一些染过色的亚麻纤维，它们可以追溯到3.8万年前，而在俄罗斯发现的距今3.2万年的骨头和象牙细片，则可能是用来做针的。人们使用这些尖利的工具在兽皮上打孔，然后再把这些孔洞连接起来。

直到织造出现之前，动物的皮毛始终是服装的主要材料。2008年发现的覆盖着羊毛纤维的黏土碎片表明，可能在2.7万年之前，编织就已经开始出现了。

时尚的冰人

1991年，两名登山者在跨越意大利与奥地利之间的阿尔卑斯山时，在3200米高的地方发现了一具冰冻的尸体。根据检测，科学家们认为这具被称为奥兹的半木乃伊可以追溯到大约公元前3300年。他的尸体保存得非常完好——同样完好的还有他的衣服。这有助于我们确定和了解，在他之前的几千年里，衣物是怎样被制造出来的，其耐用程度如何。

在小腿上，奥兹套着精心缝制的绑腿，而他的腰腹和臀部则围着一层薄薄的皮质护腰。为了在高纬度地区保暖，他头戴一顶毛皮帽子，身穿一件由多块毛皮缀成的长袖连体外套。他的脚上穿着由兽皮制成的短靴，里面塞满了草，以隔绝积雪的寒冷。不过，并不是严寒杀死了奥兹，在他的肩膀上发现了箭伤，而他的头部也有被击打的痕迹。

陶器

想要盛放或是携带许多食品，比如浆果、谷物等，就需要某种容器。在陶器发明之前，人们使用兽皮或是树枝树叶编制的篮子，但这些容器都无法防虫，而且遇到水火都极易损坏。

而使用到处都能找到的黏土制成陶器，则提供了一个持久的解决方案。这些容器不仅相对坚固，而且还可以加上盖子，既能够保鲜又能够防虫。它们不漏水，尤其是在加热之后，因此可以用来盛放液体。它们同样也防火，所以可以用于烹煮食物。

人们曾经认为，陶器的出现与大约一万年前的农业发展有关，但是，在中国南部一个山洞中发现的碎片，将陶器的历史提前了一倍。而陶片上残留着的烧灼痕迹则表明，早在人类定居从事农耕之前，游猎者们就已经开始使用陶器烹饪了。陶器很有可能独立出现在不同时期的不同地方，只不过有些被遗忘在历史当中了。

由于边缘很容易破裂，因此早期的陶器底部通常都被做成圆弧形。起初，它们是由被捏成或搓成长条状的黏土盘卷而成的。直到大约6500年前，陶轮在美索不达米亚被发明之后，这一烦琐的生产流程才逐渐得以简化。

烧制陶器可以永久地改变其化学结构，使其更加耐用，并能抵抗更高的温度。已知最早的烧制陶器来自7000年前的日本。它很可能是由于意外的火灾，而陶壶恰好落入了900摄氏度的高温烧坑中而形成的。

不是所有的陶器都具有实际用途，还有一些陶器以陶罐之外的形式存在。在克罗地亚发现的距今1.75万—1.5万年的陶质动物塑像，或许是最早的非功能性陶器。几千年后，人类早期文明——美索不达米亚、中国和印度都开始用陶土制作装饰砖、雕像和饰品。这些陶制品大都是彩色的，这些颜色来自黏土和其他矿物的混合物，而经过烧制，陶器表面还会形成玻璃状的物质。这种方法需要窑的发展，以便达到比坑烧更高的温度。

陶器、食物和饮料

陶器出现之前，烹饪的含义要么是在火上烧烤食物，要么是在余烬中烘焙。水火不侵的陶器出现，意味着人们可以通过煮、炖的方式从动物尸体上获取营养，哪怕是那些原本被弃之不用的最难啃食的部位。现存最早的使用器物炖煮食物的证据出现在8000年之前。那是一碗用河马骨头制成的汤。1000年后，生活在伊朗的人们在陶器罐内发酵谷物，酿造出了世界上第一罐啤酒。

最初的农夫

当人类开始耕种后，他们的生活方式就出现了一场变革。在农业产生以前，人类只是四处游荡的捕猎者和采集者。而随着农业的出现，人们开始长期定居在一个地方——就像今天我们绝大多数人一样。

有了农业，人们不仅可以在冬季及其他严酷时期建立起食品储备，而且还可以用富余的农产品进行贸易。用这些额外的资源换取原料、生产物资和劳动力，这种行为带来了一系列前所未有的、令人始料不及的结果，比如建筑寺庙或者发动战争。粮食的盈余也使部分人口可以生活在城市中，从事一些专业性更高的工艺和活动。

在热带地区，人类族群千百年来始终遵循着"森林牧狩"的原则（参见第72页），而在其他地方，狩猎者和采集者则开始收集并储存那些不易腐烂的食物，比如谷物。后来，人们意识到，如果将这些颗粒播撒在地面上，他们就可能收获到更多的谷物。

在公元前10000—前8000年，随着最后一次冰期的过去，温暖的气候条件为农业的出现提供了便利。这个时期，在近东地区，底格里斯河和幼发拉底河河谷之间的"新月沃土地带"[1]，人们开始种植小麦、大麦、黑麦和大豆——这就是农耕时代的开端。在接下来的几千年里，世界上很多地区都出现了各种不同的耕种作物。在美洲大陆的温暖地区，人们开始种植玉米、葫芦、辣椒、马铃薯，同一时期的作物还包括中国北部和中部地区种植的粟米、华南和东南亚种植的水稻，以及各类其他谷物及块根，比如撒哈拉以南非洲的甘薯。

> 垦草发菑，粪土树谷……驾马服牛，令鸡司夜，令狗守门。
> ——公元前2世纪的中国杂学书《淮南子》

耕作的过程有利于作物的优选。一般来说，野生小麦一旦成熟就会从植株上落下来。而有时，某株个体可能会发生基因突变，谷物成熟后依然留在植株上，使它们更容易被采集。早期的农夫有选择地收获和播种从这样的谷物上获取的种子，从而在无意中促进了一个全新品种的诞生。

一系列新工具和新技术的出现，大大减少了农耕的劳动量，并且提高了粮食的产量。到公元前6000年，在新月沃土地带，最基本的作物轮作——谷物与豆类交替种植——开始实施。畜牧业

---

① 新月沃土地带是指西亚两河流域及其毗邻的地中海东岸地亚，今叙利亚、巴勒斯坦一带。由于从地图上看这个地区的形状就像一弯新月，且曾经土地肥沃，因此历史学家们将其称为"新月沃土"。

也出现在了这一地区（参见第94页），农夫们还会使用腐熟的动物粪便来使土壤更加肥沃。而在干燥的地区，人们开挖水渠来进行灌溉。

过去人们在耕种和撒种前用来松土的挖掘棍，让位给了各式各样的锄具。不过，更重要的农具是犁。犁的结构非常简单，只是一根长柄上连接着一个叶片。犁耕可以把新鲜的营养物质翻到地表，并把杂草和头茬作物的残余埋入地下，变成肥沃土壤的肥料。早期的犁是由木头制成的，需要用手来拉。后来，牛、水牛和马等牲畜开始被用来拉犁，而制造叶片的材料也变成了一种更为坚固的物质——铁（参见第108页）。

农业的传播也影响到人类与土地的关系。人们在一处定居的时间越来越长，土地和田地的界限也随之被固定下来。而随着越来越多的人类社会走进农耕时代，人们对土地"所有权"（而不是对狩猎区域的领地意识）的概念也变得越来越重视。

驯养野兽

在学会驯养牲畜之前，世界某些地方的人类曾经长时间地进行有计划的狩猎管理。例如，在一些温带地区，人们会焚烧森林，并将其清理出来改造成草场，用以吸引猎物前来生存。

我们永远不会知道人类是如何第一次成功驯服野生动物的，但我们可以想象出，他们是如何选择驯养动物的：不要太具有攻击性，有从众心理，更易于管理。在公元前9000到前8000年，从中国到南亚、从中东到北非，绵羊、山羊、猪和牛的养殖遍布世界各地。此后，其他一些动物也加入了家畜的行列：南美洲的豚鼠和骆驼、埃及和近东地区的驴子、欧亚大草原上的马，以及印度和中国的鸡与水牛。

这些家畜可以出产各种各样的产品，特别是肉、毛和皮革。驴、牛、美洲驼等动物还可以提供畜力供人驱策。它们可以运送货物、耕地、拉雪橇和驾车。还有一些动物，它们被蓄养并非为了宰杀，而是定期放血——血也是营养丰富的食物。而当人类的成人乳糖不耐受症消失之后（参见第61页），另一种类似的动物性食物出现在一些人类族群当中。对他们来说，牛、绵羊和山羊所产的奶及奶制品和它们的肉一样，具有很大的价值。

但是，鲜奶和鲜肉都不耐贮存，因此各种保存食物的技术应运而生。牛奶被制成奶酪，这使得存储的时间更长，同时也保留了原材料中的脂肪和蛋白质等营养成分。我们不知道奶酪最初产生于什么时候，但是在波兰发现的带有奶脂残留的过滤器可以追溯到公元前5500年。同样，鱼和肉可以通过各种方法长时间地保存，比如晾晒、烟熏和腌制。盐变得如此重要，并由此诞生了横跨欧洲、地中海、非洲和亚洲的长途贸易。

虽然种植庄稼和饲养牲畜有助于保持食物的正常供应，但从事农耕的人通常只会以某种单一的碳水化合物作为主食，比如玉米、水稻或小麦。通过比较这些早期农民和他们游猎祖先的骨骼可以发现，后者由于饮食中摄取的蛋白质更加多样和丰富，因此骨骼也更加健康和强壮。农业能够哺育更多的人口，但他们并不一定是最健康的。

"人类最好的朋友"

虽然在一些文化中，狼是"凶猛野兽"的代名词，但其实它们是人类驯化的第一种动物。狼群中相对温和、攻击性较低的个体发现，它们可以在篝火旁吃到食物残渣。接下来，人类也发现这些相对驯良的狼不仅可以向他们预示危险，还可以帮助他们狩猎。于是，最初的互利互惠的合作伙伴关系就此产生了。过去，我们曾经错误地认为狗的历史大概可以追溯到4万年前，但最近的研究表明，所有狗的DNA都来自1.6万～1.1万年前的同一种狼，而当时的人类尚处于狩猎—采集阶段。在那些温驯的个体被收服之后，人类开始选择性地繁育，突出它们那些珍贵的特性——于是，也就形成了我们今天所能看到的各种各样的狗。

役畜

起初，人类驯化动物主要是为了提供农产品，包括肉、毛、皮革和奶制品。但是随着时间的推移，人类开始借重某些动物的力量，并逐渐学会不再只靠自身的力量改造自然。

公元前4000年前后，欧洲和中东的人们开始役使骟牛（被阉割过的公牛，以使它们更加温驯）为自己工作。起初，人们役使它们拉雪橇，后来，随着土地耕种面积的扩大，则开始用于犁地和拉车。而在南亚和东南亚，它们的近亲——水牛，则非常适合于在稻田的湿润环境中劳作。

马的驯化可以追溯到公元前3000年前后黑海和里海附近的草原。在此后的5000年中，马一直是最主要的运输工具。野马的体形较小，但在人类有选择性的繁殖下，产生了大量差异化的体形，可以适用于各种不同领域，从载重拉车到远距离传递消息——直到蒸汽机车发明后，马匹才逐渐退出了历史舞台。

在同一时期的埃及，野生驴也被人类驯化了，马和驴在早期的美索不达米亚和埃及文明中得到广泛应用。

役用动物的第三大种类是驼类。在南美，主要的役用动物是美洲驼，现在野生的美洲驼已经灭绝了。尽管这种驼类自古以来一直为美洲大陆的文明所广泛使用，但它们的力量很小，无法拉犁或者拉车。在旧世界[1]，单峰驼（从北非到印度）和双峰驼（遍布中亚和蒙古）的体形则要大得多，它们不仅可以役用，还可以骑乘。骆驼很适应沙漠环境，可以在没有水的情况下存活下来（当然，它们在几分钟内就可以喝下100升的水）。当食物短缺的时候，骆驼可以通过驼峰里的脂肪提供能量。最初，是阿拉伯人驯化了骆驼。在公元前1000年前后，阿拉伯人赶着由骆驼组成的商队，携带着贵重物品，沿着阿拉伯西海岸，建立起东至印度、西到美索不达米亚和地中海地区的商路。

最后还有一种役用动物，那就是大象。早在公元前3500年之前，印度河河谷的人们就已经使用印度象（最远曾分布在叙利亚）来作为驮兽了，后来，它们逐渐被用于农耕和林地改造。大象也曾被用在战争中，作为运送士兵的工具。非洲的大象远不如它们在印度的近亲温驯。虽然在公元前3世纪，迦太基将军汉尼拔就曾在对罗马人的战争中使用过大象，但它们对自己人造成的伤害绝不比对敌人的少。所以在很久以前，人们就已经放弃了驯服它们的企图。

战马

马最初应用于战争中并非作为骑兵的坐骑，而是拉车的驮兽。通常情况下，一到两匹马拉着一辆轻型战车，车上载着一名驭手和一名装备了投矛和

---

[1] 旧世界是对应新世界的说法，即亚、非、拉三大洲，也称旧大陆，而美洲等为新世界或新大陆。

弓箭的战士。在公元前2世纪和前1世纪，这样的战车被广泛应用于欧洲、中东和亚洲中南部，甚至出现在中国[①]，直到公元后才大面积被骑兵所取代。

武装骑兵的机动性更强。他们还可以组成比战车更庞大的编队，奔驰于更为恶劣的地形上。但最初，因为马匹太小，无法载动全副武装的骑兵，骑兵的装备相对较轻，通常只有投矛或弓箭。随着体形更大的马匹的繁育、马镫和更加稳定的马鞍的发明，穿戴重型装甲、手持重型骑士矛的骑兵成为击穿敌军防线的有力武器。后来，火器的发展抵消了重型骑兵的战术优势。

---

① 中国应用战车更早，春秋时已盛行。

车轮滚滚

轮子已被证明是人类技术发展中最持久和最有用的发明之一。它可能是在公元前4000年前后被发明的,并成为运送重物的有效手段之一。至今,它仍然被广泛地使用着。

通常,我们只是简单地说"车轮的发明",但其实指的是车轮和车轴,以及一系列关键技术的合称。车轮最显而易见的用途是运输,不过有许多其他机器也依靠轮子,比如飞轮、传动齿轮等。现存关于车轮最初的考古证据发现于美索不达米亚,时间可以上溯至公元前3500年前后。它是由陶土制成的。不过,轮子很有可能早在1000多年前就被发明出来了(参见第89页)。

在我们的印象中,车轮当然不会是一个可以滚动的圆柱体。不过,在轮轴出现之前的很长一段时期,人们的确一直在使用着这种形如一截树干的滚筒,并通过它们短距离内移动沉重的物体,比如大石块。轮轴组合的出现减少了地面和滚动体之间的摩擦,并且可以对车轮进行固定。然而,这项技术诞生之初,也面临着很大的挑战。车轴的每一端,以及车轮中心的孔洞都必须是光滑的圆形,否则会为车轮的旋转带来太多的摩擦。最初的车轮是一整块的圆形木片,直到公元前2000年前后,木质轮辐的出现才为车轮带来了更轻、更适合的悬挂装置。

铁器时代晚期的车马陪葬品，出土于法国马恩河流域

关于车轮的发明时间和诞生地尚有一些争论。争论的焦点限定在美索不达米亚和欧亚草原的部分地区，日期则在公元前3300年至前3000年。在这些地方，最初的轮式车辆是由牛来拉动的，但是到了大约公元前3000年，被驯化的马和野驴提供了速度更快的畜力。而不久之后，原本农用的车辆逐渐被应用在了战争之中（参见第97页）。

当人类打算模拟行走的时候，他们就创造了轮子，而不是一条腿。

——法国诗人纪尧姆·阿波利奈尔，《蒂蕾西亚的乳房》（1917年）

约公元前2000年，中国人开始使用带有轮子的车辆，随后传遍欧亚大陆的大部分区域。在哥伦布发现美洲之前，这片大陆上从来没有车轮碾过的痕迹，这或许是因为没有合适的牲口吧。美洲驼的力量无法拉动轮车，而北美野牛则根本无法驯化（早在12000年前，美洲野马就已经灭绝了）。

迁徙者

我们的祖先过着游猎的生活。一旦他们耗尽了某一区域中的所有资源，就必须继续迁徙。而农业的出现鼓励人们定居在同一个地方，这也导致了永久性定居点的出现。

尽管这种游猎生活非常丰富多彩，但随着最后一次冰期的结束，苔原逐渐让位给了草原和森林，而游猎的人类族群也发现，某些地区是如此富饶，完全可以长年累月地待在同一个地方。

当然，即便是在农业出现之后，某些以放牧牛、绵羊、山羊、骆驼或驯鹿为生的人类族群为了寻找新鲜的牧草，同样需要四处游荡，过着逐水草而居的生活。这样的游牧民族至今仍生活在世界的各个地方，只不过越来越稀少了。

在某些地区，迁徙取决于季节（湿季/干季，或者夏季/冬季），在不同的季节，牧民们会迁徙到不同的地方去。在山区，人们可能会在不同的海拔建造两处住所，在山谷中的是长期居住的家园，而在高山牧场上的则是他们的夏季住所。

并非所有的迁徙者都是牧民，有些则是商人，比如说罗马的马贩子或者图阿雷格人，后者带领自己的商队穿越撒哈拉沙漠。还有一些人是流动的工匠，例如，传统的爱尔兰旅行者都会修补锅碗瓢盆。

迁徙者经常发现自己并不受定居人群的欢迎。因为后者已经发展出了很强的领地观念和土地所有权意识，而迁徙者则完全相反，他们的脑子里根本没有边界的概念。今天，力量的天平已经大幅倾向于定居人群，他们经常抱怨和歧视那些迁徙者。一般认为，迁徙者是不受控制的。因此，为了使其能够老老实实地定居下来，现代国家通常会向他们施加一定的压力。

而在过去的某些时期，力量的对比与今天截然不同。一代又一代好战的游牧骑兵曾经肆虐在东欧和中亚的大部分地区——匈奴人、马扎尔人、蒙古人及其他马上民族。这些铁骑散布在东至中国、西至匈牙利的广大地区，甚至到过更遥远的西欧。他们抢劫和破坏城市，所到之处生灵涂炭（参见第171页）。

中世纪的游牧民族

在《马可·波罗行记》（1298年）中，有关于蒙古人游牧生活的详尽记叙：

他们永远不会停留在同一个地方。冬天，他们会来到温暖的平原低地，为自己的牲畜找到足够大的草场；而在夏季，他们则会迁徙到凉爽的丘陵地带。那里水草丰美，而牲畜也不会受到马蝇等飞虫叮咬的侵扰……他们的小屋或帐篷由木杆支撑，外面覆盖着毛毡，呈正圆形，搭建得整整齐齐。迁徙的时候，他们可以把它收成一束，然后捆扎好带走……他们的生存完全依赖于肉制品和乳制品。

从石头到青铜

在超过200万年的时间里，人类一直依靠现成的原料来制造他们的工具——木头、骨头，以及石头。鉴于石质工具的重要性，考古学家将这一时期命名为石器时代。

石器时代可以分为若干阶段。旧石器时代（Old Stone Age）结束于大约公元前1万年，接下来的是中石器时代（Middle Stone Age），然后是新石器时代（New Stone Age）。在新石器时代，农业诞生了（参见第91页）。这是一次革命，它使人类的生存方式出现了根本性的改变。约公元前9000年，近东地区和中国几乎同时进入了新石器时代。在接下来的3000年中，新石器时代出现在北非、欧洲中部和南亚。而直到公元前4000年，西欧才进入新石器时代。

新石器时代将石器制造技术带到了顶峰。和旧石器时代一样，某些工具仍旧由自然剥落的材料制成，例如燧石和黑曜石，但在开刃等的制造过程中，会采取更多的步骤和敲击来塑形。而其他的工具，比如用于砍伐森林植被的石斧，则是由一些如玄武岩、玉石和绿岩之类的粗粒岩石，通过水磨和抛光制成。这种敲击和研磨技术属于劳动密集型，由专门的工匠进行制造，他们的产品得到了人们的高度重视，并被广泛传播。尽管在新石器时代，一些铜质器物就已经出现了，但金属工具的大规模使用还要等到青

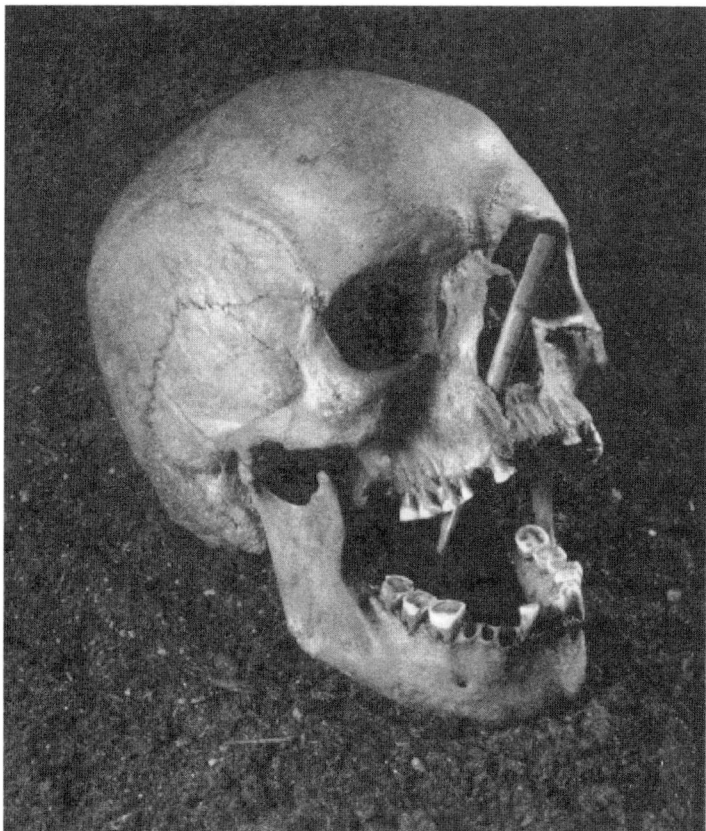

丹麦出土的新石器时代人类头骨化石，上面嵌着一支箭头

铜时代的到来。在大约公元前3300年、公元前3200年和公元前3000年，近东地区、东南欧以及中国分别进入了青铜器时代。接着，金属制造技术向西和向北穿过欧洲，在大约公元前2000年传到英国。

青铜是一种合金，由铜和少量的另一种金属——通常是锡——混合而成。铜极少以元素的形式出现，必须通过高温熔炼从矿石中提取。制造合金的过程还包括加热和熔化金属。

铜本身是相当柔软的金属，但锡的加入可以使它变得坚硬——比此前使用的石头工具硬度更大。青铜的出现不仅用于制造更硬、更锋利的斧头，还发展出一大批新式的工具和武器，比如剑、胸甲和头盔。

锡比铜更为罕见，而且这两种金属一般不会共生在一处，所以青铜时代的技术也促进了长途贸易的发展。例如，出产于康沃尔[①]的锡矿一度被交易到地中海东岸的腓尼基。此时，另一种稀有金属——黄金，也开始被人们所使用，其主要用途在于装饰。

逮至衰世，镌山石……消钢铁……

——公元前 2 世纪的中国杂学书《淮南子》

或许是因为青铜和黄金制品的罕见和珍贵，青铜时代的文化表现出比新石器时代更尖锐的社会差异化。特别是青铜剑，它的产生促进了精英战士阶层的形成。

地位和权力的差异也体现在宏伟的建筑上，从公元前 27 世纪埃及的阶梯金字塔——这也是世界上同等规模最早的建筑物，到

---

① 康沃尔，英格兰西南部郡名，有超过 2000 年的采锡历史，曾是世界上最著名的产锡区之一。

奥克尼群岛上的布罗德盖石圈

克里特岛米诺斯文明和希腊迈锡尼文明中的宫殿，从复杂的宗教仪式场地，比如英国的巨石阵，到中国商朝宏伟的皇家陵墓。在许多文化中，人们都发现过石头的甬道和圆圈。在不列颠群岛，从公元前3200年到公元前1500年，类似的石阵变得越来越复杂，这就说明了当时人们的宗教需要，甚至可能出现了集权政治。尽管我们尚不清楚，是什么样的宗教信仰促使人们建造了这样的石阵，但这需要先进的天文学知识：当仲夏日的太阳升起时，阳光会直射在巨石阵的中轴上。其他地方也有类似的仪式中心——比如，爱尔兰博因河谷中复杂庞大的墓葬群，或者麦豪石室周围的建筑结构，以及奥克尼群岛上的石圈——都需要成千上万小时的人工才能建造出来。这些建筑物都体现了大规模的指挥活动，以及更复杂的社会阶级结构。

从青铜到铁

和青铜时代一样，铁器时代——铁成为制造工具和武器的主要材料——也在不同时间分别出现在不同地区。使用铁的最早证据来自近东地区，时间可以上溯至大约公元前1200年。

铁器最早出现在印度次大陆，接下来是中国。它很可能是通过高加索地区，从近东传入欧洲，并在公元前500年前后传遍了整个欧亚大陆。还有一些地方，比如撒哈拉以南的非洲地区，则跳过青铜时代，铁器直接取代了石头。

在铁器时代之前，唯一可供使用的铁就是在陨石中发现的元素形式的铁，但这非常稀少，只够用于制作装饰物，比如制作铁珠。直到人们学会了通过冶炼从矿石中提取元素铁，这场技术革命才得以实现。

一般来说，锻铁要比青铜柔软，因此铁质工具磨损得更快。不过铁之所以能够取代青铜，一部分原因是铁矿石要比铜矿石和锡矿石的分布广泛得多，还有一部分原因是铁质工具的生产成本更加便宜。铁锄和铁钉分别成为农业和建筑业的重要创新。

到了古罗马时期，在冶铁的时候加入碳，从而制造钢的技术，已经广为人知。钢的质地更加坚硬，也更耐用。但是碳的比例至关重要：添加得太少，硬度不够；太多，则会变脆。这就使得钢质器物价格昂贵，而锻铁则用于更加便宜的物品。

由于技术成本昂贵，青铜器只能由少数人享用，这就造就了青铜时代社会结构中一小撮的精英阶层。而在钢铁时代，随着铁质工具和武器的应用越来越广泛，权力分布也更加均匀。当然，社会阶级仍然存在。从古希腊的战争模式中，我们就可以看出其中的差异。荷马的《伊利亚特》中有关于特洛伊战争（发生在迈锡尼青铜时代）的描述，国王和王子们驾驶着战车，进行一对一的对决。但是到了公元前750年前后，随着希腊城邦的兴起，战争的主角变成了所有成年男性公民，他们必须自备武器和盔甲，排着良好的步战队形进行作战。

凯尔特人

在世界的几个地方——地中海以及亚洲西南部、南亚和东亚——铁器的制造技术在几乎城镇化的社会中得以广泛发展。而同一时期的欧洲温带地区，仍然处于城镇化前期，有些甚至还保留着部族聚居的形式。许多这样的部族——特别是在西欧，被称为"凯尔特人"。不过，尽管有着共同的语言和文化，他们并不认为自己是一个民族，而根据DNA的分析，这些人的基因中的确有着丰富的遗传多样性。这些部族的成员都是以村落形式聚居在一起的农民。村庄中或许有首领，但亲缘关系才是社会关系中至关重要的因素。铁质工具使他们能够比从前更快地砍伐树木，排干沼泽。而数量众多的山顶城堡则表明，当时经常会发生战争。这些堡垒在危险的时刻会被利用起来。不过，当罗马人入侵高卢（今天的法国）和英国时，事实证明它们不足以抵挡由城市文明所建立的有组织的军事力量。

第四章　文明

在某些地方，农业的发展带来了可供贸易的盈余食物。人类的活动方式也由此出现了极大的改变，比如工艺的不断专业化和有组织的宗教行为。食物的盈余还有助于城邦的形成，以及国家和王朝的建立——当然，通常还伴随着战争。随着人类社会结构变得越来越复杂，书写和律法成为行政管理的重要手段，而日益明显的权力等级制度则通过武力得以维持。

时间表

Timetable

公元前 5500—前 4000 年
苏美尔文明出现在美索不达米亚（现在的伊拉克）南部的幼发拉底河流域。

公元前 3650—前 1400 年
米诺斯文明和其他早期爱琴海文明出现。

公元前 3100 年
第一位法老统一了上、下埃及。

公元前 2600—前 1900 年
印度河流域文明进入成熟期。

公元前 2580—前 2560 年
吉萨大金字塔被建造。

公元前 2070 年
夏王朝在中国建立。

公元前 2000 年
中美洲的玛雅文明进入了先古典时代。

公元前1754年
巴比伦帝国创立了早期的成文法典——《汉穆拉比法典》。

公元前1650年
赫梯帝国在土耳其建立。

公元前1600年
商王朝在中国黄河流域中游建立。

公元前1600—前1500年
奥尔梅克文明在现在的墨西哥建立。

公元前1550—前1077年
新的埃及帝国建立，疆域从黎凡特一直到努比亚①。

公元前1500—前800年
吠陀时代：古代印度教经文开始创作。

公元前1070年
库施王国在现在的苏丹建立。

---

① 两者皆为古代非洲地名。

公元前1000年

腓尼基城市进入发展的黄金时代，包括提尔城和西顿城。

公元前911—前612年

新亚述帝国统治着底格里斯河流域。

公元前900—前200年

查文文明在今天的秘鲁建立。

公元前800—前400年

古代埃塞俄比亚努比亚王国建立。

约公元前550年

波斯王居鲁士建立了阿契美尼德帝国[①]。

公元前510—前323年

古希腊进入古典时代。

公元前509年

罗马共和国建立。

① 阿契美尼德帝国，即波斯第一帝国。

公元前331年

马其顿帝国的亚历山大战胜波斯的阿契美尼德帝国，开始统治从亚得里亚海到印度河的广大区域，古希腊文化的影响得以深远和广泛地传播。

公元前321—前185年

孔雀王朝在印度建立。

公元前300年

古代世界最大的亚历山大图书馆建成。

公元前221年

秦王朝第一次统一中国（紧随其后的是更长久的汉王朝）。

公元前212年

罗马授予帝国所有自由居民以公民身份。

公元前100年

罗马成为世界上最大的城市。

公元150—650年

特奥蒂瓦坎成为古代美洲最大的城市，最多曾拥有12.5万名居民。

公元300—1200年

加纳帝国在今天的毛里塔尼亚和马里建立。

公元410年

西哥特人洗劫罗马。随后，在公元476年，西罗马帝国最终落下帷幕。

公元661—750年

倭马亚王朝的哈里发建立了迄今为止最大的帝国，疆域覆盖今天的格鲁吉亚、乌兹别克斯坦、巴基斯坦、阿拉伯半岛、北非以及西班牙和葡萄牙。

公元1055年

突厥人攻占巴格达。

约公元1200年

印加人在秘鲁的安第斯山谷定居。

公元1200—1400年

北美洲的密西西比河文明达到顶峰，覆盖了密西西比河流域的广大区域，许多城邦的居民多达2万人。

公元1206年

德里苏丹王朝建立。

公元 1211 年

蒙古人开始征服中国北部及整个欧亚大陆。

公元 1368 年

明王朝在中国建立。

公元 1393 年

帖木儿（跛子帖木儿）攻陷巴格达。

公元 1405 年

郑和开始在印度洋航行。

公元 1438 年

印加帝国征服时期开始。

早期的贸易路线

在成为农业定居者之前，人类就已经开始了贸易行为，交易的对象包括工具和饰品等。贸易使拥有某种物品的人能够去获取其想要的其他东西，同时也促进了文化和理论的传播。

在农业出现之后，生产者和消费者可以在当地的集市上出售和购买剩余的农产品。不过，远途贸易则相对复杂一些：它要求贸易的中间人——商人——时刻准备承受风险和延迟收取的利润远低于预期。

已知最早的长途贸易是交易黑曜石。这种坚硬的黑色火山玻璃可以用于制造非常锋利的石质刀片，因而成为金属冶炼出现之前最有价值的原材料之一。早在公元前14000年，黑曜石就从安纳托利亚（今土耳其的亚洲部分）的矿区被交易到地中海东部和美索不达米亚北部。

1万多年后，在公元前3000年前后，古埃及人开始从南方的努比亚进口象牙，从西奈半岛购入铜和绿松石，以及从波罗的海买进琥珀。到了公元1世纪，古代世界贸易的网络覆盖了中国、日本、东南亚、印度次大陆、中亚、阿拉伯、东非和罗马帝国。到了公元2世纪，罗马的人口可能已经超过100万。为了满足城市人口对商品的海量需求，大量的粮食从西西里岛、突尼斯和埃及运往罗马。这是经济、政治和后勤等方面的伟大成就。

在古代世界，甚至一直到近代早期，长途贸易的强国都在亚洲。满载香料的海船从东南亚的港口扬帆远航，而珍贵的乳香和没药则沿着香料之路，经由阿拉伯南部地区，通过陆路和海洋运抵地中海及更远的地方。黄金、象牙、珍珠、宝石、香料和纺织品从非洲、印度和远东地区抵达阿拉伯南部港口，这里的商人同样通过香料之路将它们贩卖出去。从公元8世纪起，跨撒哈拉贸易路线开始兴起，商人们携带黄金和象牙，从西非一路走向地中海。通过贸易，大大小小的非洲王国变得越来越富有和强大。在非洲西部的萨赫勒地带和非洲东海岸，伊斯兰教的传播和贸易的增长也带动了城市的扩张，比如，尼日尔河流域的通布图、尼日利亚北部的卡诺，以及印度洋沿岸的摩加迪沙和蒙巴萨。

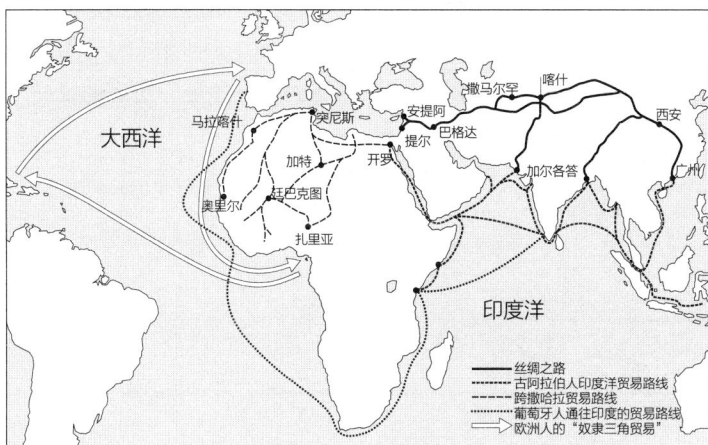

丝绸之路及历史上的其他主要贸易路线

从公元1世纪起，丝绸之路成为世界上最重要的长途贸易路线——从中国出发，经由中亚和中东，最终到达地中海甚至更远地区的数条陆上商路。丝绸是中国的主要出口商品之一，在富庶的罗马妇女中有着巨大的需求量。后来，瓷器也成了重要的出口商品。而在进口方面，中国主要购买金、银、宝石、象牙等天然珍品。

在这一时期，中国的工艺技术远比欧洲先进得多。沿着丝绸之路，中国发明的造纸术、印刷术、火药和指南针也传到了西方。同时，包括瘟疫在内的疾病也在西迁，并于公元542年传播到了君士坦丁堡，也就是东罗马帝国（后来的拜占庭帝国）的首都。公元1453年，奥斯曼土耳其人攻占了君士坦丁堡后，丝绸之路的西端被迫关闭，这就迫使葡萄牙等国家在大西洋沿岸开辟新的海上贸易航线，希望绕过非洲的最南端抵达亚洲。

中国的瓷器……出口到印度和其他国家，甚至被运到了我们国家的西部地区。

——摩洛哥旅行家和学者伊本·拔图塔（1304—1377年）

城市的诞生

贸易的发展以及农业产量的提升，都促进了城市的发展。城市的发展也带来了复杂的贸易网络，而经常性食物盈余的产生，使得一些工匠可以专心从事其他工作。城市的发展需要能够支持庞大人口的农业系统，而最富饶的农业区通常位于肥沃的河谷附近，如美索不达米亚的幼发拉底河和底格里斯河流域、埃及的尼罗河流域、今天巴基斯坦的印度河流域以及中国的黄河流域。这些地区都留存着最早的市镇和城邦遗址。

早期一些城市的建立往往是基于精神层面的需要，后来才慢慢演变成为知识、文化和法律的中心。例如，在美索不达米亚的尼普尔（始建于约公元前5000年）和乌鲁克（建立于约公元前3500年），城市中最重要的建筑是一片由泥砖盖成的金字塔形神庙。祭司们不仅代表了神明，还管理着城市的大部分土地，同时还要负责对农产品的产量记录和储存。城市中的贵族阶级也会在宗教区附近购置自己的土地。后世的许多城市——包括耶路撒冷，通常都是环绕着中央大寺庙而建。与之类似的还有中美洲玛雅人的城市，比如奇琴伊察，其神庙金字塔（卡斯蒂略金字塔）至今仍然矗立在城市遗迹的中心。

在古代中国，粟米和稻米生产所带来的强大经济，结合复杂的行政管理系统，确保了国家可以保有庞大的城市人口。在商代（前1600—前1046），中国出现了一些中心城市。而到了周代（前1046—前256），这些城市的规模进一步扩大，也正是在这一时期，出现了我们已知最早的城市规划证据。周代的城市布局对后世中国城市建造的影响一直延续至今，它基于一种神圣的方形体系理论，是宇宙学、占星术、风水和命理的混合产物。

长安（现在的西安）是唐王朝（618—907）的首都，拥有大约200万的人口。城市采用对称布局，根据功能有计划地划分出不同区域。在唐朝时期，中国有十多个城市的人口超过了30万。在后来的宋王朝（960—1279），杭州作为商业中心和后期的首都，拥有超过100万的居民，而同一时期的伦敦人口只有区区1.5万人。

为了安全和便于管控，早期的城市往往建造有围墙。古希腊的历史学家希罗多德曾经宣称，古巴比伦城的城墙高达100米，宽

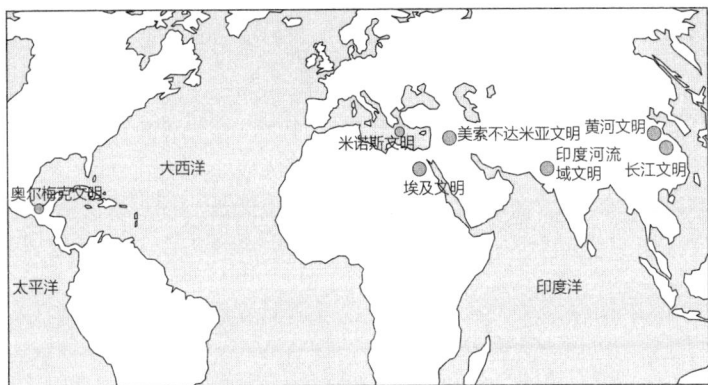

公元前5000—前2000年的早期城市文明

到足以让两辆四匹马拉的战车交错而过。这些城市中往往有一个特定的贸易点，也就是工匠区。对于铁匠、玻璃吹制工或者陶器师之类的工匠来说，聚居是有好处的：他们可以共享原材料和工具，而购物者也可以在固定的位置找到他们。住宅区有时会延伸到城墙之外，当战乱来临的时候，市民会回到城中避难。

被遗弃的城市

城市不仅会逐步扩大，有时它们也会萎缩，甚至被遗弃。吴哥位于今天的柬埔寨境内，曾是世界上最大的前工业时期城市之一，宏伟的吴哥窟包含了数以千计的宗教建筑。它可能于15世纪被遗弃，原因尚不为人所知，不过历史学家提出了很多解释，从外敌入侵到瘟疫流行等。另外，某些关键的基础设施，比如灌溉系统的崩溃，进而导致粮食短缺，也可能是城市被遗弃的原因。特奥蒂瓦坎（在今天的墨西哥）一度是古代美洲大陆上最大的城市，但在550年，由于外敌入侵或是反抗统治阶级的民众起义，其城市主要建筑和纪念碑都被破坏和焚毁。

运输

几千年来，贸易的重要性促使人们不断改进和开发新的运输工具，这也为相距很远的地区之间的相互联系和沟通提供了便利。

根据环境的差异，人们可以选择不同的运输服务。在陆地上，主要的方式是步行、骑马和使用驮兽来拉车。而水路运输——无论是通过河流、湖泊还是海洋，通常都会比陆运要更加快捷（考虑到沼泽、森林和崎岖路面的阻碍），而且运载货物的数量也更多。陆路运输的重点在于逢山开路，遇水搭桥。而水路运输则更为看重可通航的河流和天然良港，这些往往决定了人类聚居的位置。到今天，世界上仍有许多最重要的城市坐落在河流或港口附近。虽然经过了几个世纪的改进，运输技术的基础仍然是一样的：依赖于人类或动物的肌肉力量、风力，或是水的流动。直到19世纪，蒸汽动力才完全颠覆了陆路和海上的运输方式。

将牲畜赶到遥远的市集中出售有助于陆路运输的建立。但经过几百公里的长途旅行，牲畜们的体重往往会降低，进而造成价值下跌。因此，它们会被放养在市场附近，直到体重恢复再售出。所有这些都提升了肉的成本，因而只有有钱人才买得起。世界各地关于奢华盛宴的传说，无不彰显了肉食的罕见和价值。

在蒸汽机发明之前，水上航行完全是靠天吃饭。冬季的冰封、春季的融雪洪水以及夏季的干旱都会对行船造成麻烦，而自然淤积则会使河流过浅。在许多水流湍急的河流中，使用马匹拉纤逆流而上是不可能的。在这种情况下，比如在法国罗纳河，船只会在上游的船坞中建好，然后满载着货物顺流而下，在到达港口后，它们将会被拆解成木头碎片。

在海上，风暴则是最常见的危险，而逆风和洋流同样也会阻碍航行。盛行的风和洋流的方向影响着人类迁徙和海上贸易的路线。比如说，在南太平洋上，想要由东向西航行是非常困难的，因为洋流会把船只推向北方。17世纪，欧洲航海家们利用盛行风和洋流，在大西洋上开辟了新的航线。他们从欧洲向西南方向出发前往美洲，然后向北偏离航道几百英里，朝东北方向返回欧洲。在长距离的航行中，人们还会遇到其他各种各样的问题。比如，早期的水手可以通过太阳和星辰——甚至利用中世纪后期由中国传到欧洲的罗盘来确定纬度，但直到几百年之后，他们才能够确定自己的经度位置。

在陆地上，动物成为货物运输的关键（例如，在撒哈拉以南的非洲和南美洲的安第斯山区）。在世界的不同地方，许多哺乳动物都成为人类的驮兽——牛、马、驴、大象、骆驼家族的成员（参见第96页）。最初，驮兽被用来负担货物或者拖曳载具（通常是某种原始的雪橇）。车轮的发明带来重大的进步（参见第99页）。但在世界上的大部分地区，极差的道路状况给陆地运输带来了很大阻碍（在冬季道路泥泞不堪，而到了夏季则车辙斑斑），更不用说缺乏完整的路网建设了。在许多地方，为了运输更多货物，人们开凿了四通八达的运河网络，用以替代陆上运输。

从物物交换到金钱贸易

货物贸易的最简单方法是以物易物。在物物交换中，货物被交换，没有金钱牵扯其中。参与贸易的货物可能是粮食之类的原材料，也可能是陶罐这样的手工制品，或者是服务，比如体力劳动或者讲古论今。

但是，物物交换具有高度的不灵活性，因为它需要交易双方必须有彼此中意的商品。几乎没有任何证据表明，物物交易曾经在没有现金或信贷的社会里被系统地使用过。似乎更加可能的是，在人类开始定期货物贸易之后，买卖双方很快就会达成一致，同意先行记账，然后卖家得到一个"信用"来供以后使用。

基于这样的原因，现金和信贷出现了。简单地说，信贷就是记载一方"欠"另一方多少货物的记录。而金钱则是买卖双方都认可其价值，并可以在两者间进行信用流转的任何物品。重要的是，有了金钱之后，卖家就可以来到市场，先为自己的商品估值，再使用这笔钱来购买其他商品。此外，金钱也更易于存储，并且方便用来借贷。

有些相互信任的贸易伙伴，他们不需要大老远地带钱来交易，只需要简单的记账系统或使用无价值的代币就可以了。但是对于那些没有建立信任的贸易伙伴，或者距离过于遥远的交易而言，则需要其他的解决方案。早期的一种信用记录方式是符木，一根刻有缺口标记的棍子被折成两段，债权人和债务人各持一段（由于没有哪两根折断的棍棒有同样的断口，因此很难作弊，也便于查验）。一些商人还会选择使用具有一定内在价值或罕见的物品来代替金钱。因为即便不被接受为钱，这些具有内在价值的物品依然可以用于实际使用。另外，罕见的物品也难以伪造。这些交易凭证可以由金银这样的贵金属制成。而在更早的时候，还有其他不同的形式，比如，罕见的贝壳（它们的价值体现在可以用于镶嵌珠宝）、有用的工具、小麦和牛。

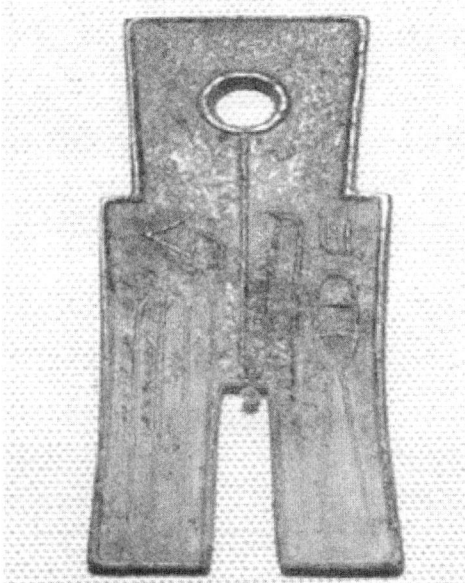

中国的青铜锄币（公元1世纪早期）

尽管时间有所不同，但几乎在每一个大陆上都曾经出现过贝壳钱。早在公元前1200年，印度洋沿岸就已经用贝壳作为交换的货币。到了19世纪中叶，在西非的一些地方贝壳依然作为法定货币使用。在中国，贝壳作为交易凭据的地位是如此重要，以至于古代中文中表示"钱"和"货币"的象形文字均源自贝壳的形状。随着时间的推移，由于居住在离海岸很远处的人们无法获得足够的贝壳来满足交易需求，因此他们开始使用其他材料作为货币，比如兽角、骨头、石头黏土、青铜、银和金。

雕刻有阿波罗头像的马其顿四德拉克马银币（公元前5—前4世纪）以及吕底亚国王克罗伊斯的金币（公元前7世纪）

大约在公元前1100年，中国已经发展出另一种货币体系。这些货币由青铜铸造，以微型的工具和武器为原型——在从前物物交换的时候，这些都是值钱的商品。不过这些微型的尖头锄、铁锹、匕首和箭头铸造手法粗糙，而随着时间的推移，它们都被金属圆片所取代。

不过，第一枚"真正"的硬币却是在亚洲的另一边铸造出来的。大约公元前560年，位于今天土耳其的吕底亚王国生产出最初的硬币。他们将黄金和白银混合成合金，并在上面盖上国王的印章，作为其价值的担保。随着工匠技能的提高，人们给硬币添加了更多的细节，以证明每枚硬币都有相同的金属含量和重量。他们意识到，钱币的价值，在于人们必须相信它。

埃及的小麦货币

货币的内在价值很少与其交换价值相等。作为饰品，贝壳、黄金和白银都具有一定的价值，但成为货币后，它们的价值都提升了。使用日常商品作为货币的例子极为罕见。一个值得注意的例子就是古埃及人的小麦货币。几千年来，他们依靠小麦建立起一个复杂的银行和金融体系。因为作为一种全民固定的食物，小麦具有重要的内在价值，也很容易变现。在世界上的许多地方，由于农业的不可预测性，这样的货币体系是不可能出现的。但是在尼罗河谷地带，每年固定到来的洪水①和肥沃的土壤允许埃及人把小麦当作一种稳定的——当然也是极为沉重的——货币。

---

① 在古埃及，每年7月中旬，受季风降水的影响，尼罗河会暴发洪水，并淹没河流两岸的土地，而到了秋天，洪水退去之后，被淹没的土地会形成肥沃的淤积层，对农业发展有很大好处，所以古埃及人称洪水为"尼罗河的礼物"。

纸币

在吕底亚人最初铸造硬币后的2000年中，这些由贵金属或合金制成的小圆片一直是世界上许多地方最常见的钱币形式。但对于大宗交易来说，硬币十分沉重，不易携带。最终，人们发现纸币这种凭券支付的信用货币，使用起来更加便利。

第一张用于支付的票据是公元前2世纪在中国出现的，它是由皮革制成的。当中国人发明了纸张之后，他们很快意识到这是制作货币的理想材料。于是，纸币从公元7世纪起开始在部分地区流通，并于公元10世纪通行全国。

在中世纪后期，意大利和佛兰德斯①的商人开始使用个人票据作为货币，任何拥有这些票据的人都可以向他们要求兑换硬币。直到17世纪60年代，欧洲才印刷出第一张纸币。最初的纸币是由银行或其他私人机构印制的。后来，货币发行者这个角色成为政府的专属特权。

其实，最初由欧洲政府发行的纸币实际上出现在北美殖民地。因为用船只将硬币从欧洲运到北美需要数周时间，有时甚至要几个月，所以有时殖民地政府不得不靠打白条来付款。第一张纸币出现在法属加拿大，时间是1685年，由总督批准并签署，可以作

---

① 佛兰德斯，中世纪欧洲公国，包括比利时和法国的部分地区。

为现金来支付。

到了18世纪，纸币的流通为贸易的扩大提供了帮助，尤其是国际贸易，银行和富有的商人开始购买和出售外币，并由此诞生了最初的货币交易市场。如果商人们相信，某个国家的政府是强大而稳定的，那么就可能会提升该国货币对其他货币的比值。在国际争端中，敌对的双方都会试图影响对手的货币价值，要么通过抬高该国汇率，使其商品变得太贵，以至于难以出口；要么压低对手的汇率，削弱其进口商品的能力，尤其是购买战争物资的能力。

> 所有这些纸片具有与纯金或纯银货币同等的庄严和权威……忽必烈汗下旨令其通行于帝国版图内的所有省份。
>
> ——《马可·波罗行记》（1298年）

信贷、债务和投资

　　即使是那些最早的经济体也有自己的信贷体系。哪里有信贷体系，哪里就有周期性的债务危机。因为从根源上讲，许多战争和革命都可以归因于债务和债务减免的问题。

　　符木和类似的信用凭证的产生可以至少追溯至古代美索不达米亚时期，同时出现的还有有息贷款。一旦债务成立，总会有些借款人无力清偿，于是他们的财产被没收，更有甚者，他们的家庭成员会因为债务奴役制①而沦为奴隶。为了解决债务所造成的社会问题，并获取臣民的效忠，苏美尔和巴比伦的国王会定期宣布"大赦"，对债务人的欠款予以减免。后来，希腊和罗马的掌权者也会通过向公民许以福利——比如负的税率等，来规避因债务人反抗而产生的风险。

　　无论宗教人士认可与否，这些债务导致的问题还会体现在道德层面上。希腊共和国时期的哲学家柏拉图曾提出了一个反问："正义难道不是一个欠债还债的问题吗？"对于这个问题，他的答案是，正义远比这要复杂得多。在中世纪，基督教会禁止高利贷行为（一种利滚利的贷款）。而在同一时期，伊斯兰教则允许利润分享贷款（没有利息，贷款人可以要求从借款人的投资中获取一

---

① 债务奴役制，指自由人由于无力偿还债务，而沦为奴隶的一种协议或制度。

部分利润），但禁止债务奴役制。不过，兴起于欧洲（中世纪末期的意大利）的银行系统，因其对大宗商业活动的担保，其利润基础往往是放贷。

我们甚至可以进一步认为，假如没有1545年英国放宽高利贷的法律出台，就不会有两个世纪之后的工业革命（参见第199页）：资本回报的诱惑，激励人们敢于承担投资的风险。因此，在资本主义诞生之初，通过借贷获取预期收益就成为其制度的重要特征之一。1609年成立的阿姆斯特丹银行（现代中央银行的鼻祖）和1694年成立的英格兰银行分别为荷兰和英国带来了更加复杂和稳定的信贷系统，这两个国家的经济也随之出现显著增长。

> 年收入二十镑，年支出十九镑十九先令六便士，结局是幸福的；
>
> 年收入二十镑，年支出二十镑零六便士，结局是痛苦的。
>
> ——米考伯先生，查尔斯·狄更斯小说《大卫·科波菲尔》
>
> 中的人物（1850年）
>
> 像狄更斯的父亲和其他成千上万的人一样，米考伯由于无力
>
> 偿还债务，被关进一座专为债务纠纷设立的监狱里

纸币的使用进一步刺激了债券发行的增长。它使借贷变得更加容易，却也为评估和衡量借款人的资产总量和风险承受能力带来了更大的难度。这种情况加剧了经济的不可预测性，并同风暴

和疫病一样，可能会对生产和贸易造成损害。这种风险也无法靠保险来抵消，后者同样是资本主义经济制度的特点之一。

纸币与发放债券相结合就意味着流动资金——可供放贷的金钱——是不可靠的。可用信贷资金的变化，有时即便是信用周期的延长或缩短，也会导致经济出现繁荣和萧条，甚至会由于高发的通货膨胀和通货紧缩而产生各种问题。例如，在法国，股票投机和纸币发行数量的激增导致了1720年的金融崩溃，人们不再相信货币的价值：纸币信用体系就此崩溃。

在现代世界，导致经济衰退和萧条的基本原因与当初影响美索不达米亚早期经济体的没有什么不同，它很可能是由国内和国际债务与债务免除的问题导致，并对未来的政治和经济选择造成影响。

书写

　　毫无疑问，书写一直是推动人类智力发展的最重要工具。在学会写字之前，某个人或某个群体所积累的知识和经验只能通过语言进行传播，而这对于知识传承的数量和种类有着很大的限制。知识可能会随着某个个体的死去而消亡，或因为人类记忆的天生缺陷而被扭曲。

　　书写产生之后，知识可以被记录和保存下来，不受时间流逝的影响。而书籍和图书馆出现后，人们不再完全依靠记忆，并可以随时查找前代积攒下来的智慧。

　　人类尝试留下永久的记录至少可以追溯到2万年前，最后一次冰期的欧洲。旧石器时代的猎人会在兽骨和鹿角上刻出一定数量的切口，这可能是用来当作日历，或者是记录驯鹿之类猎物的迁徙规律。

　　但真正的书写必须灵活得多。书写符号必须能够表达口头语言的真实语意和语音，而不仅仅是泛泛的想法。每一种书写系统都包含了多种不同的语言。例如，有大约2500年历史的罗马字母，就可以用来构成罗马尼亚语、挪威语等许多欧洲国家的语言。

　　近东地区、中美洲、印度河流域和中国也分别发展出了自己独特的文字系统。最早的文字大约在公元前3100年出现在美索不达米亚。因为这种文字形状类似楔形，因此被称为"楔形文字"，通常由抄写员用苇秆刻画在黏土片上。

书写首先在早期的城市中兴起，它的阶级结构要比城市出现之前复杂许多。执政的精英们需要一种手段来保持对大量商品和工艺技术的控制。而刻有统治者名字的碑铭——例如在中美洲发现的石板和在中国发现的古代甲骨——也有助于强化他或她唯我独尊的地位。

在适当（而不是全部）的时候，文字社会也会将书写应用于更广泛的目的：商业合同、信函、宗教仪式和律法。这其中既有宗教用途，也有非宗教的用途。随后，文学作品出现了，例如美索不达米亚的吉尔伽美什史诗，最初仅凭口耳相传，直到公元前7世纪才被记录下来。

虽然我们刚刚提到了早期的"文字社会"，但其实当时能够读写的人非常少。通常只有受过训练的文士才有这种本领。即使是统治者——书写的主要受益者，也可能是文盲。事实上，纵观中世纪的所有古老国度，识字都被限制在非常少数的群体当中。直到印刷术的到来，书写的好处才开始得以更广泛地传播（参见第188页）。

不同的书写系统

书写主要有三种类型：有语标系统，比如中文，一字一意；有音节系统，比如古巴比伦的楔形文字和日文，每个字符代表一个音节；还有字母系统，比如希腊语、希伯来语、阿拉伯语和我们[1]使用的罗马文字，每个字母都代表一个单独的声音。

---

[1] 我们，这里指代作者。

法律

法律，最初主要是以家庭和部族首领的禁忌和义务的形式出现，而后随着社会的发展而变得日益复杂。作为一种正式的制度，法律与政权和书写的传播息息相关。

人们无法确定是非观念是怎样形成的，也无法估量它进化的程度和与社会发展的关系。一般认为，法律或者是作为宗教行为的一部分发展起来的，或者早于宗教的产生而产生。不过很明显的是，在刚刚产生的时候，法律在一定程度上记录了一个社会允许做什么、不允许做什么，并且随所处社会的需求和价值观不同而千差万别。法律还代表了执政者或是政府想强加给臣民的价值取向。不过，随着时间的推移，它们又慢慢成为对政府绝对权力的约束。比如说，在公元前7世纪的古代雅典，《德拉古法典》就是为了应对贵族们随意更改法令而诞生的。而1215年颁布的《大宪章》，由于对王权的限制而被载入了英国历史。

在界定某些针对个人、社会或国家的行为是否违法方面，法律的规定各有不同。它们还可以被分为报复性司法（规定违法者应该受到何种惩罚的法律）和恢复性司法（违法者必须弥补其所造成损害的法律）。许多早期的法律中都包含了具有很强报复性的条款。例如，巴比伦王汉穆拉比的法典（颁布于公元前18世纪，是世界上最早的法律，至今仍被仔细研究）规定"以眼还眼，以牙还牙"，这与《旧约》中的摩西法典非常相似。另外一些早期的律法，比如苏美尔《乌尔纳姆法典》和《犹太律法书》中，则有关于犯罪赔偿的规定。罗马的十二铜表法（前450年）规定，盗窃犯要缴纳两倍于所窃物品价值的赔偿。

法律并不仅仅涉及犯罪和惩罚，它还提供了和平解决争端以及（在那些承认私人所有权的社会中）保护财产的方案。法律还对合同和交易规则的制定做出了相应规定。

> 往好了说，人是最高贵的动物；而一旦离开了法律和正义，人就是最坏的动物。
>
> ——亚里士多德，《政治学》第1卷（公元4世纪）

在保护公民权利和履行公民义务方面，法律的规定也各不相同。例如，在一些国家中，保护言论自由和宗教自由已经成为法律的重要组成部分；而在另外一些国家的法律中，宗教的神圣不容侵犯，公民禁止公开发表某些言论，比如对政府的批评，或是亵渎神明的言论。一些法律中还包含了公民的特定职责，比如要求公民必须到军队服役。

许多法律法规中还包含了限制个人行为的条文，尤其是在道德或宗教方面。例如，在许多国家里，同性恋一直是（到现在仍然是）非法的，即便是两情相悦的成年人也不行。而保护公民权利和履行公民义务之间的矛盾，甚至会牵扯到政府本身合法性的争论（参见第205页）。

类似的争论一直在延续。现代法律制度同时包含了报复性和恢复性元素，在如何平衡权利和义务方面，世界各国的法律规定也各有不同，同样千差万别的还有政府在制定法律方面的专权程度。

古代帝国

当国家不断扩大，并开始统治大量人口之后，它们可以被称为帝国。更加稳定的区域环境有利于这些帝国的发展，财富的增长也成为其发展的主要助力。

埃及、中东、印度北部和中国都曾经出现过古代帝国。这些帝国的统治者均宣称，自己是神选定的人间代表。西亚地区的第一个帝国建立于公元前2300年，萨尔贡统一了苏美尔（伊拉克南部）的所有城邦，紧接着又征服了临近的美索不达米亚部分地区。紧随其后的是定都于乌尔城的乌尔帝国，然后是汉穆拉比的巴比伦帝国（前1790—前1750）。在中国，无论是商王朝（前1600年）还是其继任者周王朝（前1046年），其统治的疆域都比同一时期的近东帝国更加庞大。公元前770年，周王朝分崩离析成许多的小国家，这种局面一直持续到公元前221年，大秦帝国再度统一中国。

靠战争建立起来的国家，其统治也必须靠战争来维系。

——孟德斯鸠，《罗马盛衰原因论》（1734年）

军事实力是帝国扩张的关键。比如，新亚述帝国（前911—前612）之所以能够征服美索不达米亚、安纳托利亚、地中海东部和埃及，部分原因是它那支挥动着铁质武器的训练有素的大军。军事力量在公元前5世纪波斯帝国的建立和扩张中，也起到了决定性的作用，同样的还有公元前4世纪的马其顿帝国，以及最著名的罗马帝国。到公元1世纪，它的疆土甚至涵盖了英国、埃及和叙利亚。

如果说建立一个帝国只需要军事力量的话，那么保持它的发展则是一个更加复杂的问题，它依赖于统治者、官僚机构、经济措施及很多因素。尤其是被征服地区的支持，对帝国来说尤为重要。（当然过去比现代要容易得多，起码民族自治和民主思想在那个时候是不存在的。）统治者经常采取的手段就是对被征服地区的融合。它可以通过传播帝国的宗教，或是通过怀柔和拉拢当地宗教来完成。在某些情况下也有新的手段，比如罗马帝国可能会给当地人一些公民权利，以赢得他们的效忠。

帝国同样需要资源的输入，这些可以通过贸易保护和征收赋税来完成。强大的帝国能够提供安全和稳定的生存环境，因此在一定程度上，这将为他们赢得当地人短暂的拥护。罗马人不仅要从帝国征服的领土上征税、买卖奴隶和进口商品，他们还认为自己肩负着"教化的使命"——这是一个由著作家们发明的概念，比如西塞罗[1]。在帝国版图内的各个地方，当地居民都开始仿照罗马风格修建城镇和道路，并在饮食、服装和园艺上模仿罗马人的风俗习惯。帝国会从当地招募执政者，而随着时间的推移，罗马人

---

[1] 西塞罗，古罗马著名政治家和著作家。

也会和土著人通婚。（为了维持稳定，亚历山大大帝采取了一个巧妙的手段：他命令自己的将军和当地的统治阶级联姻。打败了阿契美尼德帝国之后，在公元前324年，他的大军中共有80位将军在苏萨[①]迎娶了波斯公主。）

作为历史上第一个征服了整个印度半岛的帝国，孔雀王朝（前322—前185）的统治始终面临着挑战。在阿育王时期（前304—前232），帝国拥有当时世界上最大的城市（华氏城），并且组建了一支由60万名步兵、3万名骑兵以及9000头战象组成的大军。但帝国同样依赖于一套复杂的行政结构才能够有效地运行：每个行省都由王室成员进行管理。各地的执政者可以长时间地统治，并且可以提高和支配本地的税收，不过他们的忠诚必须经常受到王室代表的审查和监视。而作为回报，帝国会拨款建造公共设施，比如灌溉系统和道路。政府还组建了司法系统、承担清除森林和开垦农田的费用（这是一个重要的任务，经济的繁荣全赖于此）、开辟贸易路线，并且同贸易伙伴保持良好的关系。这样做会带来一个长期的和平与繁荣，也更容易换来对帝国的忠诚。

而在中国，统治者的管理水平上升到更高的高度。在秦王朝时期，帝国的管理依靠一个庞大的公务员集团，其成员则依据各地官员的建议进行选拔。随后的汉王朝（前206—220）对这样的机构进行了精简，并建立了一所高等学府，供公务人员学习儒家治国理念（参见第157页）。在加入官僚机构之前，他们会参加严格的考试。这套系统也成为后世帝国统治的基石。

---

① 苏萨，古波斯地名，现在伊朗境内。

帝国陷落的原因

在500多年的时间里，罗马依靠其强大的武力，在欧洲、北非和近东的许多地区所向披靡。那么，是什么原因导致了公元5世纪罗马帝国的衰亡呢？

罗马自建成以来，一直承受着很大的压力。日耳曼人在帝国的边境上虎视眈眈已经有几个世纪了。他们在亚洲的好战民族（比如匈奴）的压迫下，只能不断云集于此。于是，罗马帝国对军事力量的依赖越来越强，这也鼓动了将军们不断自立为皇帝。动荡和内战随之而来。为了维护统治，帝国被迫担上了沉重的税负和通货膨胀。贸易和农业也因为饥荒和疫病而荒废，这进一步破坏了帝国的统治。到了公元4世纪，罗马帝国的王座被迁移到了东方一座新兴的大城——君士坦丁堡（现在的伊斯坦布尔）。罗马城被留给了命运。公元410年，西哥特人洗劫了这座城市。而后，在公元476年，西罗马帝国的最后一位皇帝被废黜。

有些帝国的衰亡速度极其惊人。马其顿的亚历山大大帝在约公元前330年摧毁了波斯帝国。到了16世纪，西班牙人的到来在两三年内就让墨西哥的阿兹特克帝国和南美洲的印加帝国消失在历史长河中。

5000多年来，历代的中国王朝由于各种原因而不断衰亡——

内部竞争、农民起义、外敌入侵。但自从秦代以来，每个新的朝代都会继承前代的领土和行政权力结构，因此在历史上的大多数时期，中国都是一个统一的帝国。

与之形成对比的是印度孔雀帝国的陷落，强大的帝国并没有流传下来。在一定程度上，这也是中国的精英制度的结果，精明强干的人替孱弱或不得人心的帝王管理着国家；而当受人尊崇的阿育王在公元前232年去世后，孔雀帝国开始迅速衰落，并在短短50年内分崩离析。

帝国衰落的原因往往与其所面临的挑战有关。对于帝国来说，如何保持民众的忠诚、维持军事实力、促进经济繁荣，以及建立一个强大而灵活到足以统治遥远领土的行政结构，这些都是艰难的挑战，其中任何一个的处置不当都有可能导致帝国的解体或崩溃。

多神教与一神教

在数万年中，人类可能已经信奉过无数种宗教（参见第79页），但直到公元前3—前2世纪，随着文字社会的到来，我们才弄清楚自己信仰的究竟是什么。

不同的国家有不同的神话传说和宇宙观，这些经常被用来解释和证明统治者的权力。最早的宗教都是多神的（信奉多位神祇），而且像国家和家庭一样，神灵之间也是等级森严。除了具有相同的文化身份和权力结构，这些神祇往往也代表了大自然的元素力量和生死轮回。

例如，在古埃及，太阳神和最高神被称作拉（Ra），而法老作为"拉的儿子"，具有神圣的地位。法老有时也被称为荷鲁斯，意为鹰神，是女神伊西斯和她的丈夫死神奥西里斯之子，后者同时还掌管着草木生长和每年灌溉尼罗河两岸农田的洪水。奥西里斯被他的弟弟——混乱、暴力和风暴之神塞思所杀，而荷鲁斯又打败了塞思。所有这一切都是为了巩固法老的统治，标榜他作为和平与繁荣赐予者的地位。

古希腊的奥林匹斯十二主神同样体现了权力结构、人类天性和自然力量。例如，宙斯是众神之神，也是天空之神，而他的妻子赫拉——尽管经常遭到他的背叛，却是婚姻和生育的守护者。

希腊人留下了许多关于神的传说，他们也有着和人类一样的人性缺憾和原罪——欲望、骄傲、愤怒、嫉妒等。和希腊人一样，罗马人也有自己的神祇，后世的罗马皇帝经常会标榜自己半人半神的身份。

印度教大约出现于公元前1500年。它同样有很多的神，其中一些神祇会相互婚配，还有一些神具有许多不同的"化身"——所谓的一神千面。三主神则代表了生与死的轮回：梵天掌管造物，毗湿奴是世界的维护者，而湿婆则是毁灭之神。大约公元前1200年[1]诞生于伊朗的琐罗亚斯德教，则将生命描述成"智慧之神"和"恶灵之神"这两大主神间的斗争。而为不同的神祇分配各自不同的品行、特点和威能，其实只是人类尝试了解自身的方式之一。

因为我耶和华你的上帝，是忌邪的上帝。

——《出埃及记》20:5

一神论（只信仰一位神）的诞生时间目前尚不明确。犹太教、基督教和伊斯兰教，所有这些一神教都强调善与恶之分，它们的起源都可以追溯至上帝与亚伯拉罕所立之约[2]。然而，直到大约1500年后，这个故事才被写了出来，而在那之后，耶和华才成为犹太人，以及后来基督徒的唯一神。

_____

① 一说为公元前16世纪。

② 亚伯拉罕之约，《圣经》传说。耶和华答应赐给以色列人应许之地，而亚伯拉罕和他的子孙尊耶和华为他们的神。

史诗

　　许多早期文明都创造出了篇幅宏大的文学作品。这些作品通常以长诗的形式出现，表达了人类对自身的看法。史诗的主题通常是一个或多个英雄的冒险故事，其间还交织着本民族的神话和宗教传说。例如，形成于公元前第一个千年中的印度教史诗《罗摩衍那》，讲述的就是罗摩——毗湿奴神的化身之一——生活、爱情和战斗的故事。

　　最早的史诗都是口口相传的。成书于公元前 8 世纪的荷马史诗《伊利亚特》，正是改编自一部悠久的希腊口传史诗，讲述了几百年前希腊与特洛伊之间发生的战争。而公元前 7 世纪的古代美索不达米亚史诗《吉尔伽美什》，同样记录了源远流长的古老传说，其中包括一次大洪水的记录，相同的记述也曾出现在《圣经》及其他近东地区的神话和传奇故事当中。最早的盎格鲁－撒克逊史诗《贝奥武夫》，其手稿出现于公元 10 世纪的晚期，但诗歌本身却可以追溯至大约 300 年前。诗中糅合了神话和一些历史事实，背景则设置在公元 5 世纪的斯堪的纳维亚和德国北部，盎格鲁－撒克逊人的祖先正是从那里迁移到英国的。

　　史诗通常会讲述本民族的起源，而诗中的英雄和反派也都会体现出当时人们理想中的品质。《伊利亚特》成诗时，希腊正处于

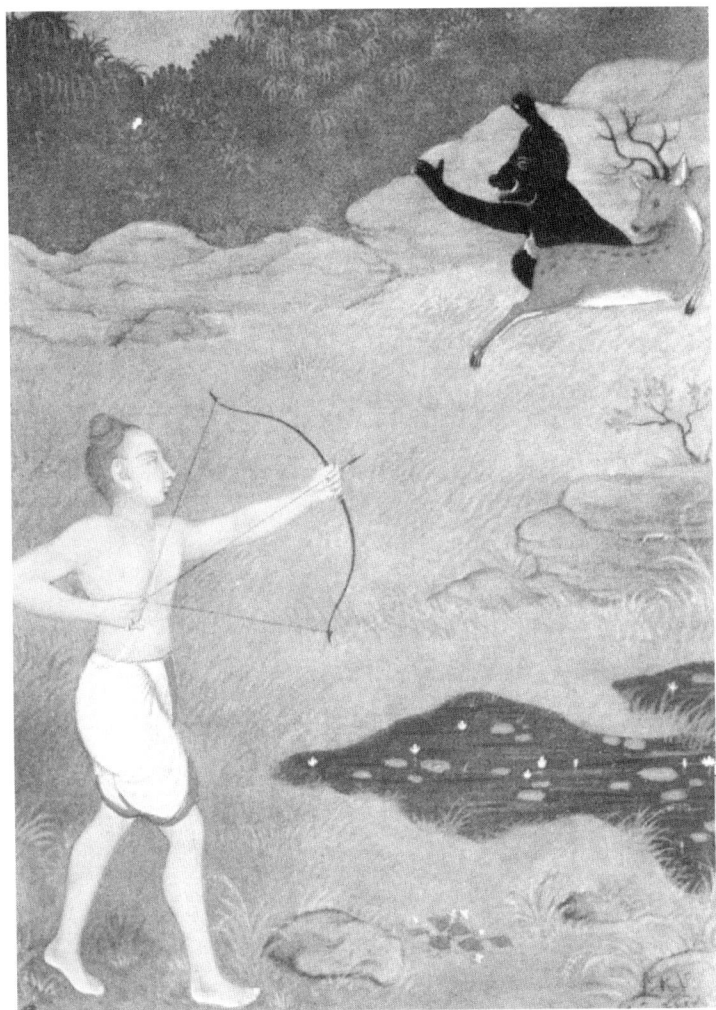

印度教的罗摩神，也就是古印度史诗《罗摩衍那》中的英雄，用箭射伤了变成
一只金鹿的恶魔马里卡

一个好战的社会，因此其主人公阿喀琉斯被描述成一台高效的杀人机器。与此形成对比的是，《贝奥武夫》中的英雄，尽管也是一名战士——而且严格来说，属于一名异教徒，但他却具有更微妙的性格，并被赋予了一系列基督教美德，以迎合读者的价值观。

早期的史诗脱胎于口头传说，在传颂中才逐步拓展出自身的文化意义，而后世的一些史诗作者则是自发地进行创作，并进而对国家或文化造成影响。这类史诗的优秀代表是罗马诗人维吉尔的《埃涅阿斯纪》，他是第一任罗马皇帝奥古斯都指定的官方诗人①。维吉尔的长诗以特洛伊传说为基础，将特洛伊王子埃涅阿斯作为诗中的英雄。当希腊人把特洛伊烧成一片白地时，埃涅阿斯逃了出来，他经过无数次跋涉和战斗，最终成为罗马人的祖先。通过将祖先描述成神祇，维吉尔为罗马帝国的建立和屋大维的统治找到了合法和权威性的依据。

我要吟唱的是战争和一个人的故事。

——维吉尔，《埃涅阿斯纪》第一行（公元前 19 年）

---

① 奥古斯都（Augustus），即盖乌斯·屋大维（Gaius Octavills），罗马帝国的第一任皇帝。

记录历史

我们现在所理解的历史——关于过去的学术性研究——其实是一点点地脱胎于人们关于祖先和起源的神话和传说。最早关于过去的记载大多是帝王的年谱，即沿着当代统治者的血脉向过去追溯，直到找出一位神明来当作祖先，并借以成为其统治的委任状。

早期的史诗——比如荷马的《伊利亚特》，可能与历史有着一些微弱的联系（参见第148页），但它们的主要目的还是征服和感动听众，而不是阐述事件，或是宣扬公平正义。有些英雄史诗只是反映和歌颂了当时社会的价值体系。历史始于传说。这里说的传说，主要指的是那些关于人物、王朝和宗教的神话。其中，宗教故事发挥了关键性的作用。即使到了今天，尽管历史学家们总是试图做到公正和客观，但从某种程度上来说，他们依然摆脱不了社会价值观和统治阶级的烙印。

最初做出这种尝试的是希罗多德，生活在公元前485—前425年的希腊。为了记述过去的希波战争[①]，他周游希腊各地，寻找那些真正参与过战斗的人。他明确提出，自己并不对事件的真实与否担保——他只是将与之相关的一切都报道出来。他将历史定义

[①] 希波战争，公元前5世纪前后波斯帝国入侵希腊的战争。

为能够被真正发掘出来的事件，而不仅仅是关于过去的传说。希罗多德系统和批判性地组织收集到的史料，然后力图将其形成一个连贯的、不偏不倚的叙事。

> 我之写作，是希望留存记忆，使之不至于因年深日久而被人遗忘。
>
> ——希罗多德（约前485—约前425），《历史》

比希罗多德年轻些的修昔底德（约前460—约前400），曾记录过关于雅典和斯巴达之间的伯罗奔尼撒战争，他的著作有着和希罗多德类似的公正性，也注重证据的搜集。不过，相比之下，随后的许多古代史学家则要功利得多。当罗马帝国即将取代罗马共和国的时候①，历史学家李维不遗余力地宣扬共和国"黄金时期"的种种好处（其中有些是他自己臆想出来的）。一个世纪之后，他的同胞塔西佗也把叙述的重点放在帝国开国皇帝的缺点和恶习上。

这些作者将历史视为可以用于指导现世人们行为的事例，这一点在普鲁塔克（约46—120）的作品中体现得尤为明显。他是一位取得了罗马公民资格的希腊传记作家。在他的《希腊罗马名人传》中，他比较了一系列著名的希腊人和罗马人，指出了他们在道德上所共有的缺陷和优点。普鲁塔克相信，是领导者决定了群

---

① 公元前30年，屋大维战胜安东尼，平定埃及，扫清政敌。公元前27年，罗马元老院授予其"奥古斯都"称号，屋大维开始独揽大权，罗马共和国由此进入帝国时代。

体的命运。

这种"伟大人物版"的历史观在接下来的几个世纪中非常普遍，不仅是在欧洲，在中国和阿拉伯世界同样大行其道，并且引发了历史学者的广泛争论。例如，在19世纪，托马斯·卡莱尔曾提出，要将历史的着眼点集中于诸多"英雄"身上，针对这种观点，赫伯特·斯宾塞①则认为，伟大的领袖只能是其所处社会的产物。后者的赞同者们认为，历史应该着眼于更广泛的事件，并试图发掘出更深层次的政治、经济、社会和文化模式及发展趋势。

---

① 托马斯·卡莱尔和赫伯特·斯宾塞皆为19世纪欧洲的哲学家和历史学家。

现实的本质

大约在2500年前，人类思想史上发生了一系列非比寻常的事情。在世界上的某些地方，有些人开始问出同一个根本的问题：现实的本质是什么？

千百年来，人类一直忙于生存，根本无暇顾及类似的问题。对他们来说，"现实"就是食物、住所、繁衍，以及其他基本的生活所需。宗教（参见第79页和第146页）已经出现了很长时间，神灵的世界与人们的日常生活息息相关。这两个领域彼此交叉，又相互影响。

在大约公元前800年，印度教出现了"轮回"或者说转世的概念——它认为万事万物都遵循着一个出生—死亡—重生的循环。只有那些抛掉了大千世界种种尘世俗欲的人，才能够从这无休止的痛苦轮回中解脱出来，回归神的怀抱。轮回的理论与其他一神论的宗教观有所不同，后者认为每个人都只会出生一次、死亡一次，而后就将陷入永恒的长眠。

大约公元前500年，印度王子乔达摩发展出了自己的理论，而轮回则成为其思想的重要组成部分。在佛教看来，一个人只有完全洞彻一切世俗的虚幻，进而摆脱欲念的纠缠，才有可能开悟。

坚持认为物质世界虚幻的人还有希腊哲学家柏拉图（前427—前347）。他声称，终极的现实都是由"形相"或者说"理念"构成的，在现实世界中，任何个体都只是对理念的不完美模仿。只有理念中的事物和美德才具有完美的形相。在一则著名的寓言中，柏拉图做出了洞穴比喻。一群囚徒被囚禁在一个洞穴里，他们目之所及只有面前的墙壁。在这面墙上，他们可以看到火焰映射出的各种物体的影子，于是他们就把这些阴影当成真实的存在。而柏拉图说，我们就像这些囚犯，把投影当作了现实。

后世的一些哲学家发展了柏拉图的思想，他们提出，现实并不能脱离思维而独立存在。这种哲学思想被称作唯心主义。而其他的哲学家则接受了另一种完全不同的观点：唯物主义。唯物主义认为物质是唯一真实的存在，而心灵、思想和情感等，都起源于物质的运动。唯物主义的一个早期例证就是由希腊哲学家德谟克利特提出的原子理论（参见第160页）。

还有1/3的西方哲学家信奉二元论，即精神和物质都是真实存在的，且各自独立，泾渭分明。而在公元前4世纪（或许更早）的中国，诞生了一种截然不同的二元论——道家。它认为，最终的现实是"道"。"道"是所有事物的基础，也是这些事物遵循的法则。它结合了世间一切的对立：静止和运动、善良与邪恶、光明与黑暗。道，缥缈无踪，晦涩难明，但又无所不在，无所不包。

变化和运动

有一个问题曾困扰过许多古希腊哲学家，那就是变化和运动到底是真实的还是虚幻的。有些人认为，现实是独立和不变的；而其他人则坚称，现实从来不是固定的，而总是处于不断变化当中。

美好的生活是什么

　　大约在同一时期，许多哲学家和宗教思想家开始不约而同地质疑现实的性质，其中的一些人开始问一个问题：人们该如何生活？告诉人们遵守法律或面对现实是一回事，给他们解释什么才是最好的生活方式就是另外一回事了。

　　对于这个问题，一些宗教采取了法律和道德两种方式，比如犹太教、基督教和伊斯兰教。人们根据宗教典籍制定了各种律条，任何人一旦冒犯，都将会受到惩罚。犹太教的核心典籍是《十诫》，根据《圣经·旧约》中的记载，上帝把它交给了摩西。根据这些教条，好的生活方式很大程度上是由不犯戒规组成的。献身于上帝也需要遵循一定的规矩。

　　早期的印度教也采取了类似的做法：只要虔诚地执行宗教仪式，死后就能前往神的国度。然而，随着"轮回"这个概念的出现（参见第154页），人们不能仅仅依靠仪式就得到神眷，而且被要求去除尘世的欲望，从而超脱永恒的生死循环之苦。根据这一说法，佛祖教导他的信众，爱欲和贪念只会带来痛苦。假如一个人以获得金钱为生活目标，或者执着于钱财所能带来的物欲，那么他永远都不会感到满足，还不如只以爱或快乐为生活目标。

　　佛祖敦促他的门徒，要在自我放纵和极端自律之间，选取一条"中间道路"。许多哲学思想中都有这种"中庸"的理念，这是构成美好生活的必要条件。中国的圣人孔夫子（也称孔子）也推崇这样的平衡。他教导信徒们说，想要安乐幸福，人必须遵循"天道"，并培养出五种素质：忠、孝、礼、仁、义。儒家这种齐家治国的思想，成为中华帝国几千年的思想基础。

> 己所不欲，勿施于人。
>
> ——孔子。这是为后世所熟知的早期处事"黄金法则"，而耶稣在《路加福音》6:31中也说过类似的话[①]

"中庸"的意思是说，对于一切事物都要适度。在古希腊的哲学家中，苏格拉底（据柏拉图所说）把它应用到教育上，他提出在体操和音乐之间获得平衡，因为前者可以锻炼身体的强度，而后者则更倾向于陶冶心灵。而柏拉图的学生亚里士多德则把美德定义为用理性选择"过多和过少这两种恶习"的中间值。举例来说，作为一种美德，勇气是介乎于蛮勇（勇气过剩）和懦弱（缺乏勇气）之间的中值。

柏拉图曾写道，道德的目标是"成为神一样的人"。而亚里士多德认为，幸福是最大的善，是美好生活的根本。其他希腊哲学家也认同这一观点，并将其视为生活的终极目标。其中一些人将幸福与快乐联系在一起，而且坚持认为，理性和自我控制才是实

---

① 《圣经·新约·路加福音》："你们愿意人怎样待你们，你们也要怎样待人。"

现最大快乐的根本。另外一些人把幸福定义为没有痛苦，无论是在精神上还是肉体上，且崇尚由淡泊而远离欲望中得到幸福。

　　对于许多思想家来说，个人的美好生活与其所处的社会和政治环境息息相关。为了实现和谐幸福，对欲望的节制和在利益冲突中获得平衡是必不可少的。

科学的黎明

长期以来，人类一直在寻求着对物质世界的理解。起初，神话和宗教扮演了这一角色。几乎所有的文明都有自己的起源传说，讲述了世界和人类是如何出现的。而其他的神话则解释了各种各样的自然现象。

对许多天文事件——比如分点、至点和月运周期的系统观测，都有着更为实际的目的：它们与季节的变化息息相关，对猎人和农夫十分重要。一个显著的例子就是爱尔兰纽格兰奇的新石器时代大墓。它建于大约公元前3200年，每年只有在冬至那天，阳光才会直射进墓室内部。这可以准确地标志新一年的到来。而建造这样一个结构，需要精确的测量和仔细的观察——我们现在所说的科学的两个特征。

大约在同一时间，苏美尔人制定出一套基本的太阴历；而到了公元前2500年，埃及人开始使用太阳历——这在预测每年的尼罗河洪水方面是必不可少的。苏美尔人发明了一种60进位的数学系统（使用60为基数，可能是因为60中有12个因数；而我们现在采用的是10进制，只有4个因数，1、2、5和10）。巴比伦人继承了他们的进制，并且采用小时为时间单位，每小时为60分钟。这就意味着，一小时可以被平均分成60、30、20、15、12、10、6、5、4、3、

2或1个部分。巴比伦人还是伟大的天文学家，在公元前1500年就能够使用数学方法测绘恒星和行星的位置，并预测日食发生。古埃及人则进一步推动了数学的发展，他们从土地测量的实践中推导出了一些抽象的几何原理。

但在古代的世界，站在科学巅峰的是希腊人，正是他们奠定了我们现在所说的科学的基础。那里的哲学家们探索的不仅仅是现实的本质和美好的生活到底是什么（参见第156页），而且还有物质世界的真相。他们拒绝神话的解释，并试图找出世间唯一的基本原则。

而对于公元前6世纪的毕达哥拉斯和他的追随者们来说，这个原则就是数学。他们确信地球是球形的，并认识到乐曲的和谐是基于数值的比率。在接下来的世纪中，德谟克利特认为万物都是由极小的粒子组成的，他将其称为原子，而恩培多克勒提出物质是由四种元素——土、水、空气和火构成。四大元素的概念被公元前4世纪的亚里士多德所继承。他开始观察大量的自然现象、生物和非生物，并为其分类，而根据这些研究结果，他可以弄清更为普遍的真相——这就是科学方法的基础。

大约在公元前300年，欧几里得奠定了几何学的原理，而后，阿基米德则开创了力学和流体静力学。公元前3世纪，阿里斯塔克斯发现了地球自转和公转的轨道，而埃拉托色尼（前276—前194），这位希腊天文学家和亚历山大港图书馆馆长，则精准地测定了地球的周长。同样在亚历山大港，作为当时罗马帝国的一部分，以及科学技术中心，托勒密（约90—168）起草了一份世界地名索引，其中包括了对地理坐标的估算方法。

人们心中的世界五彩缤纷，有甜蜜，也有痛苦，但在现实世界中只有原子和空间。

——德谟克利特（约前460—约前370）

罗马人对希腊的科学基本上照单全收，但是当罗马帝国衰亡之后，希腊科学从欧洲消失了。不过从西方的科尔多瓦到东方的德里，在这些阿拉伯科学中心，这些知识依然闪耀着光芒。除此之外，阿拉伯的学者们还取得了许多创新。他们采纳了一种来自印度的数学体系，其中包括了"零"的概念。这就是我们今天使用的"阿拉伯数字"——在高难度运算中，这种数字要比希腊或罗马使用的运算系统更加有效。不过，现代科学真正的兴盛，还要等到17世纪，也就是我们所熟知的第一次科技革命（参见第190页）。

疾病大流行

人类在城市中的密集聚居，会造成一个意想不到的后果，那就是疫病的流行和快速蔓延。远途贸易的拓展也意味着，疾病可能会从世界的一个角落传播到另外一个角落，并随着时间的推移而形成大面积疫情，尤其是在航空客运出现之后。

在特定的人群中，某些疾病仅仅局限一地。当地人对它们习以为常，它们已经成为日常生活和死亡的一部分。但有的时候，一种外来的疾病会突然流行起来，而一旦它继续广泛传播，甚至跨越国界和大陆，那就可能会演变成一场大瘟疫。这样的事件可以对人类历史的进程产生巨大的影响。

医学史学家们似乎并不喜欢对古代、中世纪或者现代世界早期历史中所描述的疾病做出回溯性诊断。"瘟疫"成为各个时期不同的致命性流行疾病的总称，比如在《旧约》中提到的瘟疫，以及公元前430—前427年发生在雅典的瘟疫。淋巴结鼠疫（由耶尔森氏菌引起的鼠疫，通过老鼠和跳蚤传播，其症状是在腋窝及腹股沟处出现淋巴结炎和黑色肿块）的第一次爆发是公元541—542年的查士丁尼瘟疫。这次疫情蔓延了整个地中海沿岸，造成该地区大约1/4人口死亡。它彻底地葬送了罗马帝国东山再起的希望。当时，尽管西罗马帝国在一个世纪之前陷落于日耳曼部落之手，但东罗马皇帝查士丁尼已经走上了一条雄心勃勃的征服之路。而瘟疫造成的混乱和破坏，则粉碎了他所有统一的梦想。

传自亚洲的黑死病，曾在14世纪杀死了欧洲大约1/3的人口。它可能是一种淋巴结肿大、肺炎和出血性鼠疫的混合疫病。在欧洲的社会、经济和知识史上，黑死病都成为一个转折点。

由于农业劳动力的严重不足，幸存下来的人要求得到更高的报酬。地主们的镇压又激起了农民的起义。很多人把黑死病看作上帝对信众和教会的不满。各方势力因此而质疑教皇的权威，这又导致了16世纪的宗教改革。

14世纪的黑死病是从黑海通过热那亚商船传播到欧洲的。而到了16世纪，欧洲闯荡新世界的"发现之旅"也造成了类似的灾难（参见第196页）。

> 亲爱的朋友，你们在哪里？那些至爱的面孔，你们在哪里？……是什么样的风暴淹没了他们？是什么样的深渊吞噬了他们？我们曾经济济一堂，现在却形单影只。
>
> ——意大利14世纪的诗人彼特拉克，表达了黑死病幸存者的孤独

到了20世纪早期，我们对疾病起因的认识有了一次颠覆性的革命，但这并不能阻止新型的流感出现。虽然几个世纪以来流感时有发生，但1918—1919年席卷世界的"西班牙流感"，还是造成

了前所未有的破坏。估计死亡人数有5000万到1亿，甚至比整个第一次世界大战的死亡人数还要多。与其他流感爆发不同，西班牙流感的大多数受害者年龄在20～40岁之间，这极大地影响了人口结构。现在的一些科学家认为，下一次大规模疫情的爆发只是时间问题。

动荡中的欧洲

公元476年，最后一位西罗马皇帝被废黜之后，罗马王权东迁，在希腊、巴尔干半岛和安纳托利亚建立了拜占庭罗马帝国。而在此后的一次次入侵中，帝国的领土不断丧失，直到1453年被奥斯曼土耳其灭亡。

但是，西欧留下的权力真空又怎么样了呢？公元5世纪早期，日耳曼部族一度占领了大部分地区。随后，他们又建立起一系列的小王国：西哥特人在西班牙，汪达尔人在北非，东哥特人在意大利，法兰克人在高卢和德国西部，盎格鲁－撒克逊人和朱特人在英国。

尽管被罗马人认为是"野蛮人"，不过这些人很快就接受了基督教的教化，和从前的罗马人没什么两样。虽然没有了世俗的权力，但罗马的天主教会依然归属于教皇的治下。通过一系列的征服战争，到了8世纪末期，法兰克国王查理成功地统一了法国、意大利和德国大部分地区，在公元800年的圣诞节，教皇加冕他为"西罗马的皇帝"①。

但是帝国的寿命非常短暂，在查理死后的几十年里，它就分崩离析，分裂成数个小型王国。西欧再次陷入了外敌入侵的重重

①历史学家认为，从严格意义上来讲，查理并不是西罗马帝国的复辟，只能算在某种程度上延续了罗马帝国的国祚。

劫难之中。在东方，马扎尔人开始从草原进军欧洲中部，只是在公元955年的莱希费德决战中受阻于德国的统治者奥托大帝。此后，马扎尔人在匈牙利建立了自己的王国。

但是在欧洲南部，最大的威胁来自另外一个敌人：阿拉伯人。在公元7世纪初，阿拉伯先知穆罕默德建立了一个新的宗教——伊斯兰教。在公元632年去世之前，他已经统一了整个阿拉伯世界。他要求自己的追随者将伊斯兰教传播到更远的地方。于是，在此后的几十年里，阿拉伯军队占领了拜占庭帝国在北非、叙利亚和巴勒斯坦的大片领土。到公元9世纪时，阿拉伯帝国的疆域东临印度，西至伊比利亚半岛（今天的西班牙和葡萄牙）。伊斯兰教的传播不仅依靠信众们的军事力量。一些拜占庭帝国和波斯帝国的人民已经受够了统治者加诸在他们身上的宗教迫害，而相比之下，许多阿拉伯领导者则表现出更多的宽容。中世纪的阿拉伯世界也产生了一系列的哲学家、医生、数学家和科学家，他们巩固并发展了古希腊人的科学成就。

北方来客

从9世纪起，被称为维京人或北欧人的斯堪的纳维亚海盗们纵横四海，他们交易、劫掠，并建立了西起不列颠群岛、东至俄罗斯的帝国。他们殖民冰岛和格陵兰，甚至到达了北美洲。其中的一支定居在诺曼底，并融合了法兰西文化。这些诺曼人（这个名字来源于"Norsemen"）接下来征服了英国，以及意大利南部和西西里岛。

土地、劳动力和权力

从早期的定居农业社会开始，对土地的控制成为世界上许多地区经济、社会和政治上的一个重要特征。尽管在法律和行政管理等方面的措施各有不同，但不管在哪儿，土地都是统治的基础。

在中世纪，封建制度从9世纪到15世纪一直统治着西欧，这是一种我们非常熟悉的制度。大贵族们依靠向君主提供军事力量而被授予土地的控制权。而那些低级别的贵族——比如骑士，则要向上位贵族提供武力效忠。农夫从事耕种，但那小小的土地却不属于他们，他们只能用收成向农场主支付租金。随着支付方式由劳役和军事服务转换为金钱，农奴制度逐渐被废止，但是在欧洲的部分地区——比如俄罗斯，这项制度一直延续到19世纪。

世界各地的其他社会也有类似的制度。控制土地，就控制了整个社会，并会对财富的分配格局起到非常重要的作用。但其具体形式取决于所处社会的环境因素和劳动力供应情况。可用劳动力的多寡会对等级制度和控制方向造成很大的区别。例如，在非洲和欧洲东部，劳动力相当短缺；而在中国、印度、日本和欧洲西部，从事耕种的农业人口却非常丰富。因此，前者强调对劳动力的控制，而后者则更重视土地的所有权。劳动力短缺可能会导致更严格的控制，但同时，在雇佣双方的谈判中也给予农民更多的话语权。

在欧洲西部，14世纪黑死病造成的劳动力短缺（参见第163页），使得农民可以要求更高的报酬，并有助于削弱旧的封建制度。

在世界范围内，底层劳动者提供的服务各有不同，这取决于经济的类型。其中最突出的是畜牧（动物养殖）和耕种（作物种植）两种生产方式之间的差异化。畜牧对劳动程式的要求并不严苛，且就土地开发和占有而言，也具有更大的灵活性。而在亚洲东部，耕种则发挥了极其重要的作用。在北美洲，不同的部落有不同的生活方式。那些纯粹的狩猎采集部落并没有意识到土地的作用，而以农业为生的定居氏族则与土地的联系更加紧密。

到了18世纪中叶，封建社会已经开始崩解。而在遥远的苏格兰高地与岛屿间，一些氏族部落依然存在。他们通常以家族的形式聚居，并用效忠来换取地方武装的保护，并最终得以在乱世中生存下来。部落制度往往依赖于成员之间的归属感和长期效忠，而在封建社会中，这种血缘主导的关系几乎是不存在的。

在奴隶制度中，外来者（通常是战争的俘虏，或是通过特殊市场交易得到的奴隶）可能被迫归属于某个特定的所有者。奴隶几乎没有任何权利，也没有私人财产。他们被视为主人的财物，他们的孩子也一样。这是一种极端的劳动力控制方式，对奴隶主的限制接近无。奴隶制在古代世界（比如埃及、希腊、罗马和中国）以及墨西哥和南美洲古代文明中是非常普遍的。

除了俄国，欧洲的大部分国家在公元10世纪前后就已经废除了奴隶制。然而，当16世纪欧洲人开始定居美洲之后，他们建立起了大片的农场，种植甘蔗、烟草和棉花等作物。为了解决劳动力的问题，他们横跨大西洋，从非洲掠夺了数以百万计的奴隶，在极端恶劣的条件下运送到美洲。许多欧洲人从奴隶贸易和奴隶种植园中致富，这些利润也为工业革命的兴起积攒了足够的资本（参见第199页）。

奴隶制的结束

18世纪，由于受到宗教信仰的鼓舞，欧洲和美国北部的一些人开始反对奴隶制。美国北方各州率先废除了奴隶制度。1807年，英国禁止在其帝国范围内进行奴隶贸易，而奴隶制度也在1833年被最终废止。不过，直到1865年南北战争结束之后，美国境内的奴隶制度才得以全面废除。它在其他一些地区持续了更长的时间。即便是在全球禁止奴隶制的今天，它依然在阴影中苟延残喘。跨境贩卖人口正成为一个全球性的犯罪问题，被拐卖的受害者被迫从事性交易、家庭帮佣或者农业重体力劳动。

文明与文明的冲突

基督教和伊斯兰教这两个世界性宗教出现后，在几个世纪中不断地发动战争，其中许多的冲突都是打着善良与邪恶、光明与黑暗的旗号。但是，这真的是一场意识形态的战争吗？或者更直白地说，披上了宗教的外衣，就能掩盖其争夺权力和物质财富的本质吗？

拜占庭帝国是基督教世界中最先感到阿拉伯军事威胁的国家。在公元7世纪三四十年代，穆罕默德死后不久，拜占庭就把埃及、北非、巴勒斯坦和叙利亚拱手让给了阿拉伯人。后来，到了公元11世纪，东方的突厥人又带来了新的威胁，他们在1071年的曼济科特战役中击溃了拜占庭军队，并征服了安纳托利亚。

在曼济科特战役之后，拜占庭皇帝向西欧的基督教廷请求援助。教皇乌尔班二世看到了帮助罗马教会取得东方正统地位的机会。1095年，他在法国克勒芒进行了一次影响深远的布道。他宣称，到圣地去的朝圣者遭到了伊斯兰教徒的屠杀，号召西欧的贵族们将圣地从伊斯兰教徒的蹂躏中解放出来。大多数参加第一次征战的人是诺曼和法国的贵族，他们热衷于抢占土地、掠夺财物以及为自己在天堂中预留一个位置。公元1099年，他们攻占了耶路撒冷，屠杀了大量伊斯兰教徒和犹太居民，并建立了王国。由

成吉思汗骑马雕像

于各派势力都想保持对圣地的控制，接下来的若干次战争都带来了一片腥风血雨。

公元13世纪，伊斯兰教徒重新控制了圣地，但他们也面临着一个全新的威胁——它来自东方。早在13世纪初，亚洲的另一边，成吉思汗已经成功地统一蒙古各部。在他的领导下，这些马上的勇士征服了中国北方，然后一路向西攻城略地。成吉思汗死后，他的继承者继续扩张，一直把战火烧到俄罗斯和近东地区。1258年，他们甚至攻占巴格达，并杀死了哈里发。不过，仅仅两年后，蒙古人对近东的威胁就戛然而止。在埃及，他们被马穆鲁克①大军击败。

蒙古人统治中国的时间更为长久。成吉思汗的孙子忽必烈汗推翻了宋朝的统治者，自己坐上了皇帝的宝座。然而，忽必烈汗并没有破坏中国的文化和社会结构，他吸纳了中国原有的统治方式，这对中华文明的保存大有助益。

很可能从现在开始，一直到世界末日，都不会再有这样的情况发生了。

——伊本·阿西尔，《历史大全》（公元13世纪初），描述成吉思汗在中东的活动

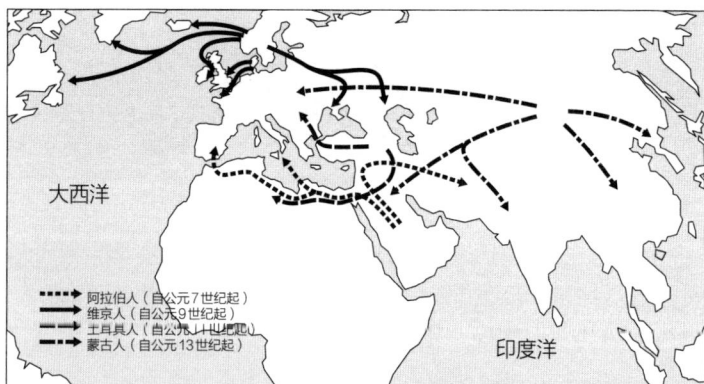

世界主要的扩张及征服路线

---

① 马穆鲁克，原意为"奴隶"，最初是指阿拉伯帝国时期的突厥战士，从中世纪起效命于埃及统治者，后来逐渐成为独立的军事集团，并一度建立起自己的帝国。

从14世纪起，轮到欧洲的基督教国家面临生存的威胁了，它们来自奥斯曼土耳其帝国。到1402年，土耳其人占领了巴尔干半岛的大部分地区，并于1453年攻占君士坦丁堡，最后剩下的主要据点是现已解散的拜占庭帝国。在接下来的一个世纪里，他们不但占据了北非、阿拉伯半岛和近东地区，甚至入侵匈牙利，并于1529年兵临维也纳城下，直抵这个欧洲大国的心脏。不过，随着攻占维也纳的失败，奥斯曼帝国中止了向欧洲中部扩张的脚步。接下来的1571年，在希腊外海的勒班陀战役中输给神圣联盟（南部欧洲天主教国家联盟）的舰队后，土耳其人向地中海西岸扩张的野心也不得不画上了句号。1683年，在奥斯曼帝国输掉第二次维也纳战役之后，欧洲基督教势力开始进入反攻阶段，而阿拉伯世界的力量则开始缓慢衰落。

第五章　西方的崛起

500年前，欧洲还是一个相对落后的地区。自从1000年前罗马帝国陷落之后，这片大陆已经被分裂成一个个小国，彼此之间战火不断。世界的中心——无论是知识探索、技术还是贸易——都不属于这里，而在中国、印度和阿拉伯世界。而在大西洋对岸的美洲大陆上，也有着令欧洲人匪夷所思的繁荣文明。但是，从大约1450年开始，平衡被打破了，欧洲在世界的舞台上发出了自己的声音。

时间表
Timetable

1453 年
奥斯曼土耳其人攻陷君士坦丁堡。

1455 年
谷登堡①印刷出了自己的第一本书。

1492 年
哥伦布到达西印度群岛。伊斯兰教在西班牙的最后一块领土重归基督教治下。

1498 年
葡萄牙航海家瓦斯科·达·伽马经由非洲最南端到达印度。

1517 年
马丁·路德开始新教改革。

1519—1521 年
西班牙人征服阿兹特克帝国。

---

① 谷登堡（约1400—1468），德国活版印刷发明人。

1519—1522 年
麦哲伦和德尔·卡诺[①]进行第一次环球航行。

1526 年
莫卧儿王朝开始征服印度。

1532—1535 年
西班牙人征服印加帝国。

1543 年
哥白尼出版了《天体运行论》。

1571 年
神圣联盟在勒班陀的胜利终结了奥斯曼帝国在地中海地区的扩张。

1607 年
英国人开始在弗吉尼亚定居。

1644 年
满族人入关在中国建立清王朝。

---

① 胡安·塞巴斯蒂安·德尔·卡诺，西班牙航海家，麦哲伦的助手之一。在麦哲伦被杀死后，他指挥"维多利亚"号返回西班牙，完成环球航行。

1648 年

欧洲三十年战争的结束确定了新教和天主教之间的界限。

1652 年

荷兰在非洲南部建立殖民地。

1683 年

土耳其人占领维也纳失败。

1687 年

牛顿公布他的重力定律和运动三定律。

1763 年

七年战争结束，英国在印度和北美洲确立主导地位。

1776 年

美国宣布脱离英国独立。亚当·斯密出版《国富论》。

1783 年

第一次载人气球飞行。

1785 年
蒸汽动力第一次应用于棉纺织工业。

1788 年
英国人在澳大利亚建立第一块殖民地。

1789 年
法国大革命开始。

1792—1815 年
法国大革命和拿破仑战争。

1803 年
美国从法国购买了大片北美洲土地。

1808—1826 年
西班牙失去大部分在美洲的殖民地。

1825 年
蒸汽火车第一次载客，在英国的斯托克顿至达灵顿之间行驶。

1829 年
希腊从奥斯曼土耳其帝国中独立。

1833 年

大英帝国废除奴隶制度。

1844 年

摩尔斯电报第一次使用。

1848 年

马克思和恩格斯发表《共产党宣言》。

1848—1849 年

欧洲国家经历了很多次革命失败。

1853 年

美国舰队迫使日本向西方开放贸易。

1857 年

印度反抗英国统治。

1859 年

达尔文出版《物种起源》。

1861 年

意大利王国成立。

1861—1865年
美国内战。

1868年
日本开始快速进入现代化。

1869年
美国第一条横贯大陆的铁路线完工。苏伊士运河开通。

1871年
德国统一。

1876年
电话发明。

1884年
在柏林会议上，欧洲列强瓜分非洲。

1895年
马可尼发明无线电报。

1903年
比空气重的飞行器第一次飞行成功。

文艺复兴与宗教改革

14世纪至16世纪，欧洲经历了一次文化革命。在哲学和艺术领域，对公元前那些古典思想家、艺术家和作家的推崇再度复兴。而在宗教领域，新教开始质疑罗马天主教会的权威，并声称它才是人们灵魂的唯一归宿。

几个世纪以来，在西方基督教世界中，学习一直局限于修道院里，人们最重视的也主要是神学问题。大多数知识分子的精力都集中在对宗教教义的释疑上，而绘画和建筑也在很大程度上是为教会服务，因为修士们是最富有的顾客之一。

直到12世纪，在克雷莫纳的杰拉德将阿拉伯语版本翻译成拉丁文之前，古希腊的科学和哲学著作在欧洲早已散失无踪。随后的一些学者，如托马斯·阿奎纳，试图将亚里士多德的理性哲学引入基督教神学体系当中——这一成就至今仍被视为人类智力的巅峰之作。

从14世纪开始，一些意大利学者从诗人彼特拉克那里获得灵感，提出了一种基于古典文学的全新教育体系，他们称之为"人文学"。这个体系包括5个重点学科：修辞、诗歌、语法、历史和道德哲学。尽管这些人文主义者还不至于全盘否定基督教教义，但在人文学体系当中的确没有神学的任何位置。相反，他们将重点从探讨如何为上帝服务，转移到如何成为一个有道德的人。

> 当黑暗被驱散时，我们的后人将重回先世纯粹的光芒照耀之下。
>
> ——彼特拉克，在回忆古典世界的荣耀时说。他将罗马帝国陷落后至文艺复兴之前的几个世纪命名为中世纪"黑暗时代"

在艺术领域，人类也取代了上帝的地位，出现在舞台的中央。当时，富有的世俗顾客在雇用建筑师建造豪宅时，更希望其装饰用的雕塑和绘画是取材于古典神话，而非《圣经》中的场景。不过，文艺复兴中最杰出的一批艺术品仍然是宗教题材的。天主教会始终是艺术家的最大主顾之一——看看罗马圣彼得大教堂和米开朗琪罗在西斯廷教堂所作的壁画吧。因为教会非常富有，它拥有广袤的土地，并获取丰厚的收益。而且，它还允许人们通过付钱赎罪，这就是所谓的"赎罪券"。

一些基督徒认为，教皇和庞大的教会神职人员已经变得过于世俗，他们呼吁恢复早期教会的淳朴性。特别是赎罪券的买卖，更是受到了广泛的谴责。1517年，德国教士马丁·路德将声讨赎罪券的文章钉在了维滕贝格教堂的门口，这也成为反抗教会权威、成功进行宗教改革的关键一步。

路德和他的追随者攻击的不仅仅是宗教腐败。他们还认为，教士和整个教会作为凡人与上帝之间的中间人这种说法是完全错误的。当时,《圣经》只有拉丁语版本,教会声称自己具有唯一解释权。路德认为《圣经》应该翻译成人们都懂的语言,让所有人都能了解和理解神的晓谕。他们否定教士具有任何特殊地位,相信每个人在面对上帝的时候,都应该有自己的立场。

教会开始镇压新教的改革者,但是这些人得到了欧洲王室的支持。这些王公贵族雄心勃勃,希望得到对本国教会的更多控制及其财富。宗教因此卷入了政治博弈当中。随之而来的是旷日持久的战争,欧洲也由此进入了长达几百年的流血冲突。

宗教自由的漫漫长路

宗教的排他性几乎和宗教本身一样古老。当信仰之争被描述成善与恶的战争时，宗教变成了公义感爆棚的执念，任何拥有不同信仰的人都是邪恶的，应该被处死。

在宗教体制化的地区，最有可能会发生对反对者的迫害。每当这种情况出现时，受迫害者就会奋起保卫自己的权利和教义。在许多情况下，体制化的宗教会与世俗权力相互媾和（甚至被控制）。一个明显的例子就是罗马皇帝自称最高祭司，也就是"等级最高的神职人员"。罗马人可以信奉各种各样的宗教，许多人甚至加入了密特拉教这样的邪教。但罗马统治者一度将早期的基督教视为一个威胁：因为他们对底层人民极具吸引力，并煽动教徒建立自己的宗教国度。于是，迫害也接踵而至，直到罗马贵族自己决定信奉基督教。至此，教会成为国家政权的工具，并反过来迫害那些被视为异端的少数宗教。

有时候，当权者也承认，宗教的自由、原创思维、创新性和多元化，有利于社会的繁荣和稳定。在中华帝国，三大宗教——儒教、道教和佛教可以和平共处。而在16世纪晚期的印度，阿克巴，这位最伟大的莫卧儿皇帝，试图通过对宗教信仰自由来维系自己的庞大帝国。他对所有的宗教一视同仁，无论是印度教、锡克教还是耆那教，尽管他自己是个伊斯兰教徒。但是仅仅一个世纪之后，他的后代奥朗则布就把强大的莫卧儿帝国变成了一个彻底的伊斯兰教国家，他迫害占大多数的印度教信徒，挑起与锡克教徒的战争，并杀死了第九代锡克上师。至此，他将阿克巴建立起来的统一帝国破坏殆尽。1707年，在他死后，帝国的力量逐渐衰落，这也给了欧洲人在南亚次大陆站稳脚跟的机会。

皇帝的王庭成为来自7个地区的质询者的常住之所，每个宗教和教派中的智者都汇聚其间。

——阿布·法兹尔，《阿克巴本纪》(1590年)，阐述了莫卧儿
帝国皇帝在宗教方面的宽容性

起初，统治西班牙的伊斯兰教徒也曾表现出对犹太人和基督徒的宽容，允许他们信奉自己的宗教，只要他们准备支付更高的税收。科尔多瓦哈里发国（929—1031）就见证了这样一个黄金时期，文化和贸易也因此繁盛一时。但是到了穆瓦希德王朝统治时期，对信仰自由的宽容变得大不如前。而在1492年，西班牙基督徒在格拉纳达完成了对伊比利亚半岛的收复之后，宗教信仰自由则彻底消失。犹太人和伊斯兰教徒被迫选择皈依基督教，或者被驱逐出境，这就迫使许多最聪明、技术更熟练的居民移居国外——就像路易十四在1685年对法国新教徒，以及纳粹在20世纪30年代对德国犹太人的迫害一样。

到了16世纪早期，改革将天主教徒和新教徒置于极端对立的位置，而在此后的两个世纪中，欧洲遭受了疯狂的迫害和冲突。三十年战争①（1618—1648）中，德国的人口损失了超过1/3，主要是由于饥饿和疾病，但深层次原因是天主教和新教战争导致的土地荒废。德国花了数代才逐渐恢复元气。

尽管从18世纪启蒙运动（参见第197页）以来，思想家们就不断地宣扬宗教信仰自由，但直到很久以后，它才在欧洲普及起来。在英国，在2013年修改的《王位继承法》通过之后，罗马天主教徒才有权继承王位②。即使到了今天，宗教信仰自由在许多国家依然受到威胁，这种威胁有些是来自宗教激进主义者③，有些则来自专制的世俗国家本身。

---

① 是由神圣罗马帝国的内战演变而成的全欧参与的一次大规模国际战争，也是历史上第一次全欧大战。其本质是德、法、俄等新教国家与天主教罗马帝国的宗教战争。

② 由于宗教战争，英国于1701年颁布《嗣位法》，规定天主教徒不能继承英国王位。

③ 宗教激进主义者指相对保守、完全认可教义里每一件事的真实性、反对进化论的观点的信徒。

印刷术

如果说书写的发展带来了第一次交流变革的话，那么第二次变革则随着印刷术到来。如果每一份文本都要用手抄的话，只有极少数的手稿能够得以流传。印刷术的发明及更加便利的活字印刷促进了各种文本资料的大量出版，并使其得以更广泛地传播。它对社会、文化和知识具有极大的影响。

早在公元3世纪，中国人就已经开始使用木质雕版在纺织品和纸张（同样是他们的发明）上印刷文字和装饰图案。所谓雕版印刷，就是在木材上雕出凸起的文字或图像浮雕。在公元9世纪，人们已经可以印刷整部书籍；而到了14世纪，独立的单字雕版出现了，8万多个汉字可以按照文章的内容任意组合。这就是活字印刷。但是，因为汉字数量众多，中国在很大程度上依然依赖雕版印刷，以页为单位进行刻制。14世纪，高丽人发明了金属活字印模。受此影响，直到19世纪中叶，东亚地区的识字率都高于世界其他地方。

假如我们想要通过管制印刷事业来整肃风俗，那么我们同样不得不管制各种畅快人心的娱乐活动。

——约翰·弥尔顿，《论出版自由》（1644年）

罗马文字书写简单，字母数量相对较少，非常适合使用活字印刷。在15世纪中叶，德国的金匠和出版商约翰内斯·谷登堡发明了一种印刷方法，并持续使用了500年。这种方法并非由木头制成活字进行组装印刷，而是使用了熔点更低的铅、锡和锑的合金。这样只要做好一个字母或标点的字模，就可以随时使用。这些字模被并排摆放在一条木板上，通过插入其间的楔形金属，来调整字模的排列间距，使之形成统一的宽度和高度。排出一页的版式仅仅需要一天的时间，然后施以压力，使墨水从活版转印到纸张上面。1455年，谷登堡印刷了自己的第一本书——拉丁文版《圣经》。这种新技术迅速开始传播，在1475年，威廉·卡克斯顿印刷了第一本英文书籍。到了这个世纪末，欧洲已经出版了上百万册的书籍。而截至1800年，这个数字已经上升到20亿。

随后，思想、知识和理念的洪流通过书籍、报纸、叙事诗和小册子等形式广泛传播，并大幅度地提高了识字率——之前，这一直是修士和小部分世俗精英的禁脔。印刷术的推广意味着那些被文艺复兴时期的人文主义学者发掘出来的经典将得以重见天日。它还使新教改革者的思想像野火一样在欧洲蔓延，扩大了宗教改革的支持基础。

因此，掌权者对知识的普及，以及其所带来的批判主义和政治激进主义产生猜忌，也就不足为奇了。大多数国家——以及罗马天主教会——都试图裁定哪些东西能够出版和阅读，而哪些不能够面世。即使书籍被审查或者烧毁，但印刷技术的普及意味着总会有人生产更多的副本。

第一次科技革命

在欧洲所谓的"黑暗时代"，古希腊人曾经的科学成就大都为人所遗忘，或被贬斥为异端的歪理邪说。多亏了那些阿拉伯学者，这些知识才大部分得以留存。也正是这些学者，对科学做出了同样重大的贡献，比如数学和化学（代数和酒精等词汇都来自阿拉伯语）。

在世界的另一端，中国同样是技术创新的温床。在那里诞生了很多发明，包括指南针、火药、造纸术和印刷术。最终，"四大发明"先后传到了西方。

尽管古希腊的知识被重新发现，但是在当时的欧洲，它并没有立即激发出新的灵感。学者们认为，古希腊人是最终的权威，特别是当神学家们将希腊哲学思想融入罗马天主教教义之后，任何质疑权威的人都会被视作异端。

教会的核心教义之一就是上帝创造了人类，而地球位于宇宙的中心。这可以同希腊地理学家托勒密的宇宙论（公元1世纪）相呼应。不过，另一位早期的科学家——萨摩斯的阿里斯塔克斯（公元前3世纪）也曾提出，地球是围绕太阳运动的。到了16世纪，类似的日心说才由波兰天文学家尼古拉斯·哥白尼重新提出。虽然数学计算和实际观察都证实了这一点，但直到1543年，他去世的那一年，哥白尼才敢发表自己的观点。而当意大利物理学家和天文学家伽利略公布证据支持哥白尼的时候，罗马天主教会将他送上了法庭。1633年，在被当作异端烧死的威胁下，他放弃了自己的论断。但是，伽利略对现代科学的贡献仍然是巨大的，尤其是他将数学应用于物理学之中。

物理成因方面的调查占用了我大量的时间。我的目标是证明，天体运动并非某种类似生命的神圣存在，而更像是一个时钟。

——开普勒在写给资助人的一封信中如是说（1605年）。他在哥白尼的研究基础之上，发现了行星运动的轨迹

将数学分析与观察和实验相结合，成为现代科学研究中的独有特点。一般规律都是来自对现实世界的特定观察——直到1687年，艾萨克·牛顿发表了他的万有引力定律和运动三定律，阐述了力与物体之间的相互作用之后，这种方法才被成功地证实。来自机械宇宙中的压力成为有规律和可预测的过程，并且可以在数学上被定义出来。牛顿理论的声望有助于确保用于解释它们的概念、方法、语言和隐喻被应用在知识的各个分支中。

在科学的其他领域，突破同样存在。在哥白尼发表日心学说的年代，佛兰德斯的解剖学家安德烈亚斯·维萨里也出版了《人体的构造》。这本书是基于他自己在解剖中的经验，而非古希腊医

生盖伦的理论——当时该领域的最高权威。同样是在16世纪，盖伦的医学理论还受到了瑞士–德国医生帕拉切尔苏斯的挑战。由此开始，中世纪炼金术逐渐向现代化学演变，而医学分科也越来越得到认可。

盖伦继承了亚里士多德的理论，即世界是基于四种元素（土、水、空气和火）的平衡而生。而牛顿的同时代人，罗伯特·波义耳，则提出了完全不同的概念——化学元素。牛顿和波义耳都隶属于公元1600年①成立的英国皇家学会。它只是公元17—18世纪在欧洲建立的许多科学学院之一。很快，科学就已经能够和传统经典分庭抗礼。在当时，绅士们将谈论科学视为一项体面的活动。

---

① 英国皇家学会成立于1660年，但原文中为1600年，应为谬误。

欧洲的扩张

"印刷术、火药和指南针……曾在世界范围内改变了所有事物的面貌和状态。" 1620年，英国哲学家弗朗西斯·培根在回顾过去的一个半世纪时曾这样写道。而在此期间，欧洲国家的版图以前所未有的方式得以扩张。

具有讽刺意味的是，培根所说的三大发明都起源于中国，但他所描述的这个阶段却是欧洲开始全面赶超中国这个世界上最富有、技术也最先进的超级大国的时期。虽然中国人在几个世纪之前就已经使用火药制造烟花爆竹，甚至将其用于武器，却是欧洲人真正掌握了这门新技术，并于14世纪造出了第一门大炮。中国也曾长期使用司南（指南针）进行航海，并且在几个世纪中垄断着环印度洋的贸易。后来，指南针被阿拉伯人引入地中海地区，并为欧洲水手所采用。在此基础上，他们又发明了其他的导航设备，比如象限仪和星盘。

15世纪早期，中国的郑和在帝国的资助下，曾进行过一系列的海上探险活动，一度抵达过印度尼西亚、印度、阿拉伯和非洲东部。但是到了1433年，帝国的政策发生了逆转，禁海令开始实施。这固然可以部分归因于海上贸易的巨额花费以及政治上的派系之争，但是帝国的官员们似乎也坚信，中国地大物博，因此无须屈尊去进行海外贸易。

西方的王公贵族和商人们却有着不同的想法。随着奥斯曼土耳其帝国关闭了陆上丝绸之路西端的通道（参见第120页），大西洋沿岸的欧洲国家不得不另辟蹊径，试图从海上绕过非洲大陆前往东印度群岛，后者的香料在中世纪和近代早期是世界上最贵重的商品。在15世纪中期，葡萄牙王子亨利建立了一所航海学校，并资助航海者前往非洲西海岸的航行。1460年亨利去世之后，葡萄牙的探险一直没有中断。终于在1488年，巴尔托洛梅乌·迪亚士绕过好望角，进入印度洋。10年后，另一位葡萄牙航海家瓦斯科·达·伽马，沿着这条航路抵达了印度。葡萄牙人相继在非洲海岸上建起贸易中继站，并逐渐将航线延伸至亚洲南部和东部，最终来到中国和日本。

还有更加野心勃勃的。1492年，在西班牙国王和王后的赞助下，克里斯托弗·哥伦布向西航行穿越大西洋，他相信这会是一条通往东印度群岛的更短路线。因此，当他发现加勒比群岛后，他以为自己已经到达了目的地（这就是为什么后来它们被称为西印度群岛）。随后，他又继续航行到了美洲大陆。这时他意识到，自己来到了一个遍地黄金的新世界。这里人口众多，他们的灵魂需要被拯救，他们的肉体可以用来劳作。有万能的上帝保佑，手里还握着火药武器，谁还能阻止欧洲人的征服呢？

　　　　有人说，这就是人世地狱。

　　　　——16世纪80年代日本关于葡萄牙奴隶交易的记载①

---

① 自16世纪初，葡萄牙商人和传教士进入日本后，开始收购日本人作为奴隶，贩卖到世界各地。

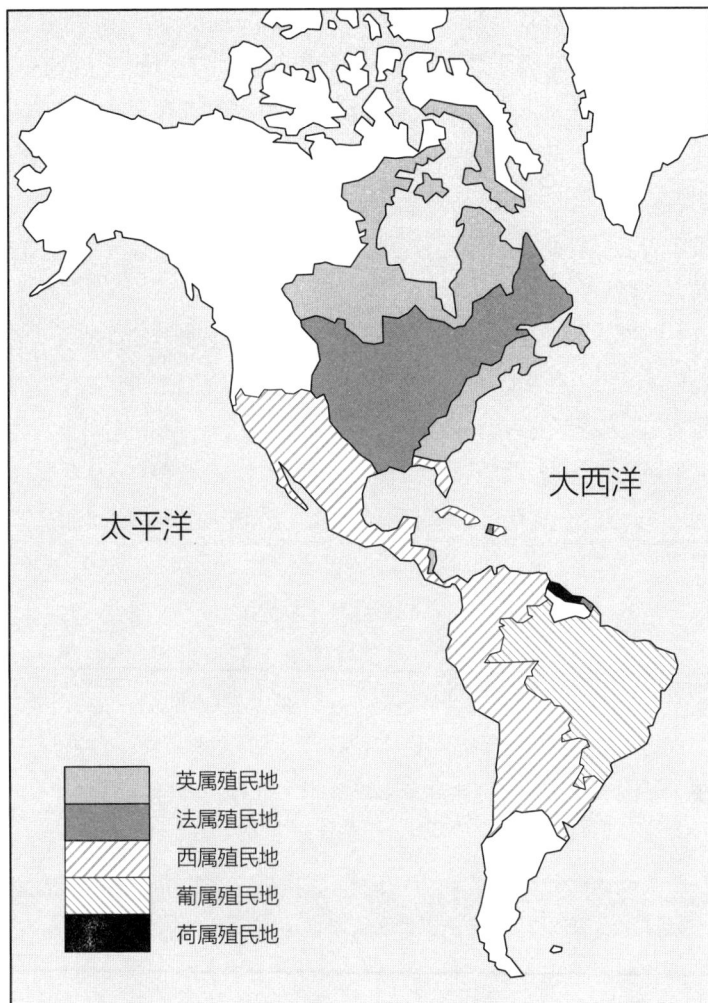

太平洋

大西洋

英属殖民地
法属殖民地
西属殖民地
葡属殖民地
荷属殖民地

1750年前后，欧洲各国在美洲的殖民地分布图

1494年，在教皇的主持下，西班牙和葡萄牙达成协议，将新世界一分为二：葡萄牙得到了巴西，而西班牙占据其他地区。欧洲人对美洲大陆——以及世界上大部分地区——的统治和剥削终于开始了。在残酷的征服过程中，大量的土著人口死亡，其中许多是因为对麻疹和天花等外来疾病缺乏免疫力。在几十年内，90%的土著人被消灭。尽管征服者们兵强马壮，武器精良，同时拥有极端的宗教热情，但真正破坏了新世界人口和文明的却是微生物。

对劳动力的需求也鼓动着欧洲人开辟出一条横跨大西洋的奴隶贸易路线。他们从当地商人和统治者手里买进数百万的战俘，通过极端恶劣的航行条件进行运输和贸易。位于巴西的葡萄牙殖民地是当时最大的贩奴目的地。此外，还有许多奴隶被运往西印度群岛，一小部分则被送到了现在的美国。许多欧洲商人从"三角贸易"①中获利丰厚，他们用欧洲的工业品到西非换取奴隶，再贩运到新世界转手卖掉，最后带着棉花、糖和烟草等农产品返回欧洲（参见第119页地图）。

在美洲的欧洲帝国，以及通往亚洲南部和东部的海上航线，这些都在逐渐改变着世界的格局。例如，在16世纪，虽然世界上大多数的主要城市依然集中在亚洲，不过欧洲的一些海港城市——比如里斯本和塞维利亚，也登上了世界的舞台。

这个趋势在17世纪依然得以继续。在欧洲，阿姆斯特丹和伦敦逐渐成为帝国的中心。荷兰人和英国人都在海外建立了新的城市——1608年的魁北克、1614年的新阿姆斯特丹（后来改称纽约），以及1652年的开普敦。

---

① 三角贸易，也称"黑三角贸易"，即欧洲奴隶商人在欧洲—非洲—美洲之间进行的商品—奴隶贸易。由于其航线大致呈三角形状，故称为"三角贸易"。

启蒙运动

在18世纪，尽管有着当权者的支持，但宗教的教义和权威性依然受到欧洲许多思想家的质疑，后者将理智视为替代迷信的一种美德。"迷信将整个世界置于烈焰之中，只有哲学才能够拯救人类。"作为这一松散的知识联盟的领导人之一，法国大作家伏尔泰这样写道。这场运动就是我们所知的启蒙运动。

在这一时期，艾萨克·牛顿等科学家的发现，以及英国哲学家和政治理论家约翰·洛克的著作（参见第191页和206页）都产生了很大的影响。牛顿和洛克都推崇经验主义，认为知识源于观察和实验，而不是与生俱来的想法。洛克认为，前者属于理性的范畴，而后者则是涉及信仰。世间万物都是存在疑问的，所有的假设都必须经过仔细的检验。

启蒙思想家们试图为人类的所有知识和行为建立一个理性的基础，不管是经济学、法学、心理学、教育学还是历史学。不过他们中很少有绝对的无神论者，很多人信奉自然神论，即弱化上帝在宇宙产生中的角色。在法国，这些思想家被称为启蒙者，其中包括了伏尔泰、孟德斯鸠和丹尼斯·狄德罗（《百科全书》的编者，这是一本理性记录科学、艺术和手工艺成就的百科词典）这样的人物。类似的运动也发生在英国，特别是在苏格兰，代表人物包括不可知论哲学家大卫·休谟、经济学家亚当·斯密（参见第208页）等。这些人物都因其对宽容的坚持和人道主义而广为人知。

启蒙运动的价值很长时期内并没有得到人们的认同。在18世纪，欧洲各国的君主口头上承认启蒙运动，实际上依然维持着独裁统治。后来，1776年的美国《独立宣言》、1791年的《权利法案》，以及法国大革命后1789年颁布的《人权宣言》，都将启蒙运动的某些价值观奉为圭臬。但是直到今天，启蒙运动所宣扬的理性和宽容在世界上的许多地方仍然没有实现。

> 没有任何有效的方法可以改善人们的习性，除了启发他们的心智。
>
> ——威廉·戈德温，《政治正义论》（1793年）

自由思想家的命运

"Écrasez l'infâme。"伏尔泰这样写道——"该死的迷信"。他还记得那些自认为是自由思想家却被教会和当权者当作亵渎者而处以极刑的人。1697年，爱丁堡的一个名叫托马斯·爱肯海的学生，成为英国最后一个因"亵渎"罪名被杀的人——他称神学为"胡说八道的狂想"。到2012年，世界上仍有33个国家保留了反亵渎法案。

工业革命

"工业革命"描述的是一个渐进的变化过程，主要发生在18—19世纪的欧洲和北美洲，并逐渐蔓延到世界上的大部分地方。

从新石器时代的手工斧到巴比伦时期的墙砖，手工制造业已经存在了几千年。截至18世纪，印度次大陆和中国这两个地区的制造业产量占了世界总产量的3/4。品质优良的纺织品和瓷器源源不断地输入欧洲各国。大多数的产品都是由小规模的作坊生产的，而且经常位于乡村。许多个世纪以来，欧洲人也在做着相同的事。不过，随着大规模的城市化，作坊逐渐被机械化和工厂系统所取代——这也是工业革命的主要特点。随之而来的是生产力的飙升，以及人口的激增。在某种意义上，这或许是因为人们能够从劳动中获得报酬，个体的独立性得到了提高，而生育年龄也随之降低。

为什么工业革命会从英国开始？这是因为英国的政局统一稳定，没有内部的关税壁垒（这一点有别于欧洲的大部分国家），并且具备先进的银行系统。英国同样得益于其在大西洋海岸得天独厚的地理位置、领先于18世纪世界的商业力量，以及远远超过亚洲沿海的强大海军。棉花、烟草、糖和奴隶等商品的贸易为许多商人创造了巨大的利润，他们又把资本投资于新的工业企业。英国还有许多港口和可通航的河流，都对外部和内部贸易具有极大的促进作用。

英国自身的自然资源也起到了关键的作用，尤其是其铁和煤的矿藏。在过去，冶铁一直使用木炭作为燃料，而改用焦炭（由煤制成）则带来产量的大幅提升。煤炭也为工业革命的发生带来了关键的技术：蒸汽。而在中国和印度，以及其他早期的工业中心地带，都没有类似对煤炭的使用。

> 先生，我这里出售的是全世界都想要的东西——动力。
> ——詹姆斯·瓦特的蒸汽机商业合伙人马修·博尔顿。这句
> 话由詹姆斯·鲍斯韦尔于1776年3月22日记载

各种各样精巧的纺纱和织布机器都是在18世纪发展出来的。相比过去的生产方式，这些机器需要更少的熟练工人，而纺织出来的产品却越来越多。起初，机器都是由水力驱动的，这对工厂的选址产生了一定的限制——比如英国北部的奔宁山麓。不过，燃煤驱动的蒸汽机改变了这一状况。其实早在18世纪初，蒸汽机就已经被用于从矿井中抽水，而到了这个世纪的最后25年，詹姆斯·瓦特的改良使这项技术可以应用于工厂。紧接着，蒸汽船舶和内燃机车的出现，使得大宗人和货物的运输成为可能（参见第218页）。

欧洲的其他国家紧随其后，特别是法国、比利时和德国。到了20世纪初，日本和俄罗斯也成为重要的参与者。但是，真正的

工业超级大国是美国。它在19世纪末就成为世界上最大的工业国，并已经做好了称霸20世纪的准备。美国的崛起得益于其丰富的自然资源——特别是煤炭，以及具有创造精神的文化和社会环境。

虽然工业革命带来了前所未有的经济增长，并使人们的收入增加，但它也造成了相当大的社会成本。工人的工作条件往往危险而偏远，而生活条件却总是破败不堪（参见第217页）。

农业革命

如果没有农业革命，工业革命是不可能出现的。两者都不是一蹴而就的事情，而是在世界各地不同的时间里，按照各自不同的速度发展着。但是，没有农业的进步，就不可能有粮食产量的增加，社会也就不可能从乡村农业化转向城市工业化。

像工业革命一样，农业革命也开始于英国，随后进一步传播到其他地方。在1650年至1800年，英国的农业生产率几乎翻了一倍。其中的一个原因，是18世纪英国可供耕种的土地数量增长了20%左右，这部分是由一个被称为"圈地运动"的过程所导致。由于农民无法提供法律上的所有权证据，因此富农和地主接管了所有的公共土地和旷地。到18世纪末期，英国的大部分农田土地都各有其主。农民们要么不得不成为佃农，要么跑到城市里找工作。在欧洲的其他地方（比如普鲁士），也发生了类似的变化。而即使在有些国家（比如法国），小农经济依然存在，但也从自给自足向市场生产方向发生转变。

虽然这样的变化对农民伤害很大，但也改善了农业生产的条件。富有的地主们拥有土地的绝对所有权，并开始了大张旗鼓的改造。他们排干沼泽地，厘清田间界线，有选择地畜养和繁育家畜。有了新的轮作①体系，土地可以一年四季循环使用，而不必为了恢复地力而休荒。种植像芜菁这样的饲料作物，使得人们可以在冬季畜养更多的家畜。而在过去的日子里，它们大多数不得不被屠宰，然后腌成咸肉。

> 但有大胆刁民，却为乡里骄傲，一旦破坏殆尽，终生永难再续。
>
> ——奥利弗·哥德史密斯，《荒芜的村庄》（1770年）

科技彻底改变了农业产量。1700年，牛津郡农民杰思罗·塔尔发明了播种机。1747年，普鲁士人首先从甜菜中提取出了糖。而在此之前，蔗糖是一种从西印度群岛进口的奢侈品；现在，它成了西方人饮食中的重要组成部分。1785年，铸铁犁铧在英国获得专利，紧随其后的是1800年发明的机动脱粒机和1830年的收割机。到了19世纪，欧洲人从智利进口大量海鸟粪便，这可是用于堆肥的好东西。

随着人口的增加，以及农业人口比例的下降，欧洲需要进口更多的粮食，这也相应地促进了世界其他地区粮食生产的发展。受益于约翰·迪尔在1837年改进的钢铸犁铧，小麦终于可以在北美大草原的硬土层中种植了，并开始大量出口至欧洲——当然，这也付出了一定的代价：才使美洲土著人离开了传统的狩猎场，

---

① 轮作，就是在同一块田地上，按照季节或年时轮换种植不同作物的一种种植方式。

进入专为他们而设的"保留地"。1892年汽油拖拉机的发明进一步提高了生产效率。到19世纪末，在美国生产一吨小麦所花费的工时，还不到1800年的1/3。

随着铁路路网、航速更快的蒸汽轮船，以及罐装和冷冻技术的出现，到19世纪末期，大型的畜禽养殖基地出现在了北美、南美、澳大利亚和新西兰，其所生产的肉制品都被出口到欧洲，这也使得肉食更多地出现在日常饮食当中。

但这并不意味着，大量工薪阶层的人能够摄入足够的营养。在许多地方，人们还是以土豆或是面包作为主食（有时或许会搭配一些脂类）。尽管在20世纪的欧洲，饥饿已经不再是困扰人们的问题，但营养不良依然普遍存在。在1899年，军队征兵的时候，每5个来应征的志愿者中就会有3个因为体检不合格而被淘汰——其中大部分来自非技术工人阶级。在世界的许多其他地区，农民仍然依赖于单一的主食作物。比如说，在中国和印度，几个世纪以来，大多数人每天都靠着一碗米饭过活。同样，饥荒仍然是一个不容忽视的实际威胁。

社会契约论

　　统治者总是宣称自己代表了神的意志，因而可以罔顾被统治者的意愿，这种观点几乎与王权同时出现。在近东地区的一些王室族谱中，最早的祖先都可以追溯至某位上古大神，这也从一方面奠定了其人间至尊的正统地位。

　　在埃及，法老是太阳神"拉"的儿子。在日本，天皇宣称自己是天照大神的后裔，直到第二次世界大战战败之后，天皇才被迫放弃这种说法。而在中国，皇帝是秉承着"上天的旨意"来统治天下，哪怕他是一个不称职的帝王。不过，在王朝更迭的中国历史中，这个概念也经常被暴力所颠覆。

　　根据犹太－基督教的传统，君王在加冕礼的时候需要涂抹油膏。这源于《圣经》中关于以色列王大卫的记载："撒母耳就用角里的膏油，在他诸兄中膏了他。从这日起，耶和华的灵就大大感动大卫。"神选中的受膏者，这样的想法使国王们代表了"神的权力"，他的统治无须得到人民、贵族、议会甚至是教会的同意。他只需要对上帝负责。

　　苏格兰国王詹姆斯六世（也就是后来的英格兰国王詹姆斯一世）是一位独断专行的君主。他无视英国议会，不承认其所主张的权利和特权——立法议会旨在代表人民。他的儿子和继位者查理一世同样继承了他的观点，后者试图解散议会，自己独裁。于是，内战爆发了。在1649年，战败的国王以叛国罪被处以死刑。

英国内战中的混乱和流血冲突促使托马斯·霍布斯在1651年写下了《利维坦》。在书中，他提出统治者与被统治阶级之间存在一种社会契约的理念。霍布斯认为，在"自然状态下"，人类的生活是"孤独、贫穷、肮脏、野蛮和短暂的"。为了结束这样的野蛮时代，人类聚集在一起，共同商议出社会契约，作为代价，人们必须在绝对的权威下放弃自己的权利。

这就暗示着，一旦拥有绝对权威的一方在协商时失败，人们就有权利去替换它。而另一位英国哲学家约翰·洛克，则在他的《政府论》（1690年）中阐明了自己对社会契约的理解。他认为，政府只有在被统治者的同意下才是合法的。国家应保障公民的"自然权利"，特别是生命权、自由权和财产权。一旦政府打破这个契约，那么人民可以选择另一个统治者——1776年，这样一份契约就被美国的革命者们打破了，他们决定用一个独立的共和国取代英国国王的统治。

法国哲学家让-雅克·卢梭在《社会契约论》（1762年）一书中提出了关于社会契约的第三种观点。卢梭反对以英国的君主立宪制为代表的代议制政府，并指出，只有在人民作为一个整体，直接参与制定法律，并充分表达"公共意志"的时候，自由才真正存在。在一个小的国家里，这可能通过直接民主①来实现，但在更大的国家里，卢梭认为，一般需要一个强大的政府来对人民进

---

① 直接民主指的是公民具有统治者与被统治者的双重身份，直接参与管理国家事务，而不必通过任何中介和代表。

行指引。不过，由于政府总是不断变得强大，因此人民应该定期地改变政府的形式，并更换其领导人。

卢梭的思想在无意中鼓励了一些法国革命家走向专制，比如马克西米利安·罗伯斯庇尔。他在1792年宣称"我自己就是人民"——这句咒语后来经常被20世纪最凶残的独裁者们挂在嘴边。

美国《独立宣言》

由托马斯·杰弗逊起草的这部历史性的文件，在其著名的序言中，对洛克的社会契约概念做出了完美的诠释："我们认为以下这些真理是不言而喻的：人人生而平等，造物者赋予他们若干不可让与的权利，其中包括生存权、自由权和追求幸福的权利；为了保障这些权利，人类才在他们之间建立政府，而政府之正当权力，是经被治理者的同意而产生的。当任何形式的政府对这些目标具破坏作用时，人民有权力予以改变或废除它，以建立一个新的政府……"

从重商主义到自由市场资本主义

欧洲列强们从16世纪开始建立海外帝国，其目的就是最大限度地提升本国在一个不断增长和有利可图的领域中的份额，那就是国际贸易。根据后来建立的重商主义理论，全球财富的总量是固定的。因此，每一个欧洲大国都在想尽办法攫取最大的国际贸易份额。

这引发了一系列的全球战争。比如说，1756—1763年的"七年战争"，看上去是英法这样的欧洲大国之间的战争，但其实不仅在欧洲，甚至远如加勒比海、北美和印度都牵扯其中。为了自己的利益，这些国家出台了很多保护主义的措施，禁止本国居民之外的所有人参与该国的内外贸易，甚至连自己海外殖民地的居民也不允许从中受益。这就是重商主义，根据其理论，殖民地的建立就是为了母国的利益和商业利润。这样的政策，最终导致英国在北美东海岸的殖民地宣布独立。1776年，美国建立。

同年，苏格兰哲学家、政治经济学家亚当·斯密的《国富论》在英国出版。这本书被看作自由市场资本主义的开山之作。在那个时候，在一些措施的限制下，比如高昂的消费税或者针对外国商船的军事行动，国际贸易已经受到极大的限制。除此之外，在国家的内部，某些商业活动会受到国家的各种控制。这些控制手段包括税收、国内关税等。不过，最常见的还是皇家专卖形式：通过支付一笔不菲的费用，国王授予商人某种特定商品或服务的唯一售卖权。任何人都没有权力打破这种垄断，而专卖持有人则可以制定自己想要的价格。

但是亚当·斯密认为，所有这些对自由市场的限制都是无效的。他相信，如果个人被允许追求自己的经济利益，那么供求定律——他称之为"看不见的手"——不仅会增加国家的财富，同时也能提升该国公民的幸福感。不过他也指出，供求定律只有在自由的市场中才能够成功地运行。而这样的市场不仅应该出现在国家内部，国与国之间也应如此。

到了19世纪，自由市场资本主义成为许多工业国家的通行准则。然而，显而易见的是，在市场中处于领先地位的公司总是倾向于走向垄断，这样他们就能够决定其产品的价格。即便是在美国，这个自由市场资本主义的领头羊，政府也觉得有必要通过反垄断立法来遏制过度自由化的市场，并打破大公司垄断的威胁。在20世纪，许多发达国家进一步加强了对雇主的组织结构和安全标准的评判，以此来规范本国的企业。

每个人都必然会竭力使社会的年收入增大起来。但通常，他（这样做）既不是为了促进公共的利益，也不知道自己能从何种程度上促进社会收益。他所盘算的只是自己的利益。和许多其他时候一样，他受着一只看不见的手的指导，竭尽全力去达到一个并非他本意想要达到的目的。

——亚当·斯密,《国富论》(1776年)

继亚当·斯密之后,19世纪的经济学家们越来越推崇国与国之间的自由贸易,呼吁减少进口关税之类的政策阻碍。然而,农业生产者和工业制造商却普遍赞同这些措施,因为这可以帮助他们避免外国同行的竞争。进入20世纪后,保护主义措施依然在国际贸易中发挥着作用。即使那些自由贸易区,比如欧洲共同市场,也只能惠及其成员。

自20世纪末以来,国际社会一直在致力于打破贸易保护主义壁垒,创造一个真正的全球化市场。不过一些人认为,这会导致新的力量失衡:大型跨国公司可以占据市场的主导地位,并对世界其他地区的小型公司造成伤害,同样受害的还包括工人和消费者。

自由贸易和自由市场有助于促进全球经济增长。如何在自由市场、贸易保护主义、市场监管、消费者的利益和员工福利之间达到完美的平衡,这仍然是一个根本性的政治和经济博弈问题。

民族主义与国家

从18世纪到20世纪，许多国家都在工业化、城市化和人口识字率等方面发生了根本性的转变。随之而来的则是政治意识的提升、价值观念的转变，以及新意识形态的兴起。

在这些新的意识形态中，最重要的一个是民族主义。民族主义——或者说是一种信仰，一种始终坚持对某个特定国家保持忠诚的信仰——长期以来一直存在于强大而统一的主权国家中，比如俄罗斯和中国。在那里，人们对国家的忠诚高于一切。中国人一直将自己的国家称为"中央帝国"，即世界的中心。不过，这种民族主义往往只代表了统治阶层的利益。比如在欧洲，信奉新教的王公贵族们之所以会支持宗教改革，拒绝承认天主教皇的权威，其实只是基于一种希望在自己的国家中大权独揽的欲望。而有些历史悠久的欧洲贵族，比如哈布斯堡家族，虽然统治着多个民族，却完全谈不上民族国家。

几个世纪以来，法国和英格兰的统治者一直在试图把自己定义为民族国家。在法国的国境内，人们讲着各种各样的语言，从布列塔尼语到巴斯克语，不过国王和政府却始终支持法语的官方地位。1635年，路易十三世建立起法国科学院，并授予其语言的"守护者"地位。英格兰占据了不列颠岛的大部分地区，与欧洲大陆隔海相望。自莎士比亚时代以来，它一直沉迷于自己的与世隔绝，而莎翁也曾对"这个统于一尊的岛屿"大加赞美。他的文学作品，以及1611年詹姆斯一世委托翻译的英皇钦定版《圣经》①，共同打造出英格兰人对自身的民族认同感。

在19世纪的欧洲，许多原本归属于某个帝国的欧洲国家都出现了民族主义思潮——例如匈牙利、爱尔兰和波兰，它们分别属于奥匈帝国、大不列颠和沙皇俄国的一部分。在这些国家，大规模的起义不断出现，比如匈牙利1848—1849年反对哈布斯堡家族（奥地利）统治的斗争，波兰在1830年和1863年两次试图脱离俄国统治的斗争等，可惜均告失败。在爱尔兰，1798年反对英国统治的暴乱虽然也以失败告终（其实，早在12世纪，盎格鲁－诺曼冒险者夺去了爱尔兰的王权和土地之后，抵抗就已经开始了），但是在随后的19世纪和20世纪中，大规模的民族风潮和小规模的武装起义仍然时有发生。

在19世纪早期，许多民族主义思想都打着自由和平等的旗号，希望在"纯粹"和统一的国家内建立合法政权。这些思想与宪政的理念息息相关，认为法律应该限制政府的权力，因为政府的合法性来源于"人民"。

因此，民族主义绝不仅仅是为了重新划分领土和边界的单纯斗争。它还包括如何去定义一个国家，这个国家是否会受到民族、语言、地理等其他普遍因素的影响。许多民族主义者将文化载体引入其思想中，鼓励人们使用本族语言。知识分子们也试图鉴别

---

① 英皇钦定版《圣经》，也称詹姆斯王版，由詹姆斯一世下令翻译，并于1611年出版。在《圣经》的诸多版本中，是比较权威的英译版。

出本民族以及其所处社会的固有特征。不过，所有人都忽略了欧洲国家在自然疆域和政治边界的渗透性。相同种族和语言族群的人并不总是固定于特定的领土内。讲德语的社会族群已经遍布中欧和东欧（这一区域也成为一个民族大熔炉），甚至包括俄国的许多地方。法国看似是一个单一的民族国家，但它同样包含了许多不同的民族和语言族群。而在1801年建立的英国和爱尔兰联合王国里，除了说英语的人之外，还囊括了许多讲各种凯尔特语的人。

考虑到"人民"的需求，许多诗人、作曲家及其他艺术家会将作品刻上本民族的烙印。例如，像其他生活在哈布斯堡家族统治的奥匈帝国里的捷克人一样，作曲家安东尼·德沃夏克（1841—1904）始终致力于将捷克传统民间音乐元素融入其作品中。而在欧洲各地，对民间传说和"本国"语言的探索同样方兴未艾。在19世纪早期的德国，有感于被拿破仑的军队所击败，格林兄弟开始收集整理"真实"的德国民间故事，并且着手编制权威的德语词典。

长久以来，德国和意大利一直由许多小国家组成，既有本国的贵族，也有异族的统治者。虽然几十年来，艺术家、知识分子、自由主义者和民主主义者一直都在为国家的统一大声疾呼，但是真正解决问题的还是19世纪的武装斗争。而在此之前，巴尔干半岛各国摆脱土耳其统治的战斗一直风起云涌，最终在1830年，希腊独立。塞尔维亚、罗马尼亚和保加利亚紧随其后。西欧的某些独立战争——比如19世纪20年代的希腊独立战争，以及40年代的意大利复兴运动——都表明了，在没有威胁到其他国家利益的时候，特定的民族主义可以赢得国际的支持。

> 当代的重大问题并非通过演说和多数派的决议就能解决……而是要用铁与血。
>
> ——奥托·冯·俾斯麦（1862年）。俾斯麦后来成为普鲁士宰相，他这席话指的是不久之前，自由主义者和民主主义者未能建立起统一的德意志国家。在接下来的十几年里，他居中策划，并
>
> 最终武力统一德国

第一次世界大战推翻了奥匈帝国、德意志帝国和沙皇俄国，也诞生了许多新的欧洲国家，其中包括波兰、捷克斯洛伐克、芬兰、爱沙尼亚、拉脱维亚和立陶宛。按照民族来划分国家边界成为一个全新的准则。它先是出现在欧洲，随后传遍整个世界。出于对民族自决的向往，许多像印度这样的欧洲殖民地不可避免地走上独立的道路。截至1975年，大多数欧洲国家的海外殖民地都已经不复存在了。不过，在很多地区，尤其是非洲和中东，当初瓜分殖民地时划下的边界被证明是非常武断的，往往忽视了当地部族的差异或原有边界。这也就埋下了内战和种族冲突的隐患。

民族主义会试图包容并团结某些特定的"人民"，但它也不可避免地具有排他性。如果你没有对一个国家的自我认同，你就不属于这里，而这就会滋生对少数民族或少数宗教的歧视，甚至是更加暴力的行为。比如说，在20世纪早期，土耳其民族主义成为奥斯曼帝国的主流，这就对亚美尼亚、希腊及库尔德等族裔形成了严重甚至致命的威胁：不被归化，即为异端。这就与从前那个更加包容、多民族融合的奥斯曼帝国形成了鲜明的对比。

民族主义还可能与经济和文化保护主义产生关联。例如，某些文学作品会使用民族主义或准民族主义的语言，来表达对外国统治者的一种蔑视。但从长期效果来看，它可能会导致严重的文化孤立主义。

虽然民族主义有助于殖民地人民摆脱欧洲列强的统治，但是到了20世纪，它却起到了很多相反的作用。其中最臭名昭著的就是在德国，国家社会主义者（纳粹）把它当作暴政、战争和种族灭绝的借口。而在更近的时期，民族主义同样引发不断的种族暴力——20世纪90年代，前南斯拉夫各加盟国相继独立的过程中，"种族清洗"成了屠杀或驱逐不受欢迎的少数民族的新托词。难民也成为现代世界中不容忽视的现象之一。

民族自决

1918年，第一次世界大战进入最后一年，在1月8日这一天，伍德罗·威尔逊总统为美国定下了战争的目标，他在"十四点计划"中提出了结束战争和解决争端的基本原则。2月11日，他又宣称："国家的意愿必须得到尊重，人民现在只能依照自己的意愿接受统治和管理。'民族自决'不是一个简单的短语，它是一条必须落在实处的行为准则……"

城市化

在古代世界，像尼尼微[①]、巴比伦和亚历山大这样的城市已经拥有了多达10万的人口，而罗马城或许是第一座超过百万人口的城市。在随后的几个世纪里，许多城市都达到了罗马的规模，到了19世纪，城市的发展突飞猛进。1900年，伦敦和纽约的人口都超过500万。还有许多其他的城市也在以相似的速度增长。其中一个关键的因素就是工业化，它吸引了大量人口从乡村迁徙到城市。

同时，全球贸易也在大幅增长，特别是泛大西洋贸易，像粮食和手工制品这样的初级商品被大量从美洲出口到欧洲，这也使得纽约和布宜诺斯艾利斯这样的沿海城市得以显著发展。类似的发展——尽管时间稍晚，且最初规模相对较小——也出现在太平洋沿岸的城市中，比如旧金山、悉尼、新加坡、东京和中国香港。

作为铁路路网的枢纽，一些内陆城市也得以发展起来，比如芝加哥。铁路同样带动了郊区的发展，许多新富裕的中产阶级从城市迁居近郊，这也改变了城市和城镇的规模。

还有一些城市中出现了许多新兴的工厂，这就吸引了大量的劳动力。由于政府本身也需要相当多的雇员，因此类似柏林这样的首都城市也随之成长起来。

---

① 尼尼微，古亚述帝国的首都。

城市中的人造环境越来越多，农耕生活的节奏逐渐消失。街灯划破了黑暗，下水道取代粪便收集车，这些都是城市生活的生动写照。新技术和能源的大规模展示，充分地体现了城市的象征性力量，而这一切可以说都始于1851年的伦敦万国博览会[①]。

城市还带来了严重的健康和生活水平问题。贫民区、极差的卫生设施以及密集的人群都极容易滋生各种疾病，比如霍乱和肺结核。城市也是人民反抗统治阶级起义的温床，在1848年，欧洲几个国家都发生了市民暴动。在许多城市的"改造"计划中，贫民窟都在被清理之列，因为当局认为这些地方已经失去了控制。有人认为，豪斯曼男爵对巴黎林荫大道的重新设计，就是打算创造一种城市环境，以方便军队对暴徒的压制：宽阔的街道很难设置路障，更加易攻难守，而这也被世界很多城市所效仿。

在西方世界的统治或影响下，许多非西方的城市中也出现了诸如火车站、林荫道、电报大楼和大饭店等地标性建筑。但尽管如此，在20世纪初，最大的城市带依然集中在欧洲和北美。

地狱，就是一座像极了伦敦的城市——人口稠密，乌烟瘴气。

——珀西·比希·雪莱（1819年）

---

① 1851年，万国博览会在伦敦的海德公园举行，这也是第一次全球范围的工业博览会。这次大会历时5个多月，吸引了600多万名参观者。它成为英国维多利亚时期工业繁盛的象征，并确立了大英帝国世界工厂的主导地位。

四通八达

在 19 世纪，人类的思想发生着极大的转变，眼界也越来越开阔。科学和技术的进步——从电力的使用到新型合成材料的开发——使人们愈加坚信，自己的生活水平可以稳步提高。同时，更快捷的运输方式也使世界变得越来越小，人们彼此间的联系越来越频繁。

蒸汽机车，以及随后发展起来的蒸汽轮船，使人类可以以曾经无法想象的速度旅行，也使货物和人员的远距离大规模运输成为现实。

在电报，以及稍晚一些的电话和无线电发明后，长距离瞬时通信也成为可能。这些成就是早期人类根本无法想象的。似乎没有什么是不可能发生的。1903 年，重于空气的飞行器第一次试飞成功。很明显，天空也不再是人类的极限了。

不断扩展的世界每天都在发生着巨大的变化。在 19 世纪，虽然还有许多人住在乡下，按照传统的方式生活着，但纵观整个社会，有越来越多的人离开了自己出生的地方，即便是一文不名的穷人。

全球性船线的拓展在人口迁徙的过程中起到了巨大的作用。欧洲人移居到美洲和大洋洲，中国人横渡太平洋落脚在加利福尼亚，印度人远赴南非、斐济、特立尼达及其他许多地方工作。所有这些迁徙活动共同改变了世界的人口格局。

殖民体系和运输手段的发展促进了消费类动植物贸易的兴起。橡胶最初只能从亚马孙丛林的野生树木上收获，现在则在马来半岛广泛种植。这里也成为世界橡胶的主产地，可以满足不断增长的工业需求，尤其是汽车轮胎。肉牛并非美洲的物种，现在却被放养在阿根廷的潘帕斯草原上，制冷业的发展使得肉类可以出口到欧洲。茶，原产于中国，现在在印度、肯尼亚等不同的地方种植。随着产量的增长，国际贸易市场也在不断扩大。

1903年，莱特兄弟在美国北卡罗来纳州第一次试飞。威尔伯·莱特伏在飞机的机翼上，而跑在机翼旁边的是他的兄弟奥维尔·莱特

帝国时代的顶峰

在19世纪的最后几十年里，西方列强占据了世界上的大部分地区，尤其是在非洲和东南亚地区。他们之所以能在大多数地方占尽优势，是因为他们有着更优良的通信手段、更完善的疾病控制手段，以及工业化所带来的强大武力。

尽管从1775年至1830年，英、法、西、葡等国在美洲的大多数殖民帝国已经崩塌，但非殖民化①似乎仍是一个遥不可及的目标。虽然在美国的军事介入下，西班牙于1898年失去了其主要的殖民地——古巴和菲律宾，但类似的情况并没有在其他地区继续出现。

到了1900年，大英帝国的疆域覆盖了世界陆地面积的1/5、大约4亿的人口（当时世界人口的1/4），其中主要集中在印度。法兰西帝国主要位于非洲和印度支那，国土面积1550万平方千米，人口5200万。其他的欧洲大国，比如德国、比利时和意大利，也刚刚在非洲建立了殖民地。同样在非洲，葡萄牙和西班牙已经统治了几个世纪。欧洲人几乎瓜分了整个非洲大陆。在过去，海外领土的扩张大多出于贸易目的，但是到了19世纪，欧洲列强们辩称，他们是为了"文明使命"才统治"劣等民族"的。为了完成这个任务，大量军队通过铁路和轮船被运往殖民地。不过，土著人的

---

① 非殖民化指一个国家或地区在外国殖民统治下争取独立及自治的过程。

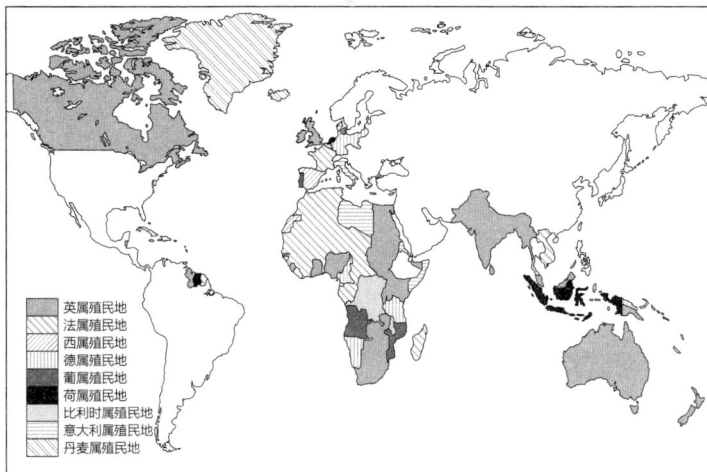

1914年欧洲各国的殖民地分布

支持也很重要，尤其是在招募军队的时候。

强烈的帝国使命感与逐利动机交织在一起，促使西方国家不断寻找海外市场及原材料产地。但这却并不是最主要的因素，地缘政治的原因同样不可忽视：很多帝国的扩张其实是为了应对其他西方列强的扩张意图，尤其是在非洲、东南亚和大洋洲。例如，在19世纪80年代，英国之所以占领缅甸，部分是为了阻止法国在此地的扩张。

到1914年，西方列强瓜分了世界上的大部分领土，即便在那些暂时处于其掌握范围之外的国家——比如中国和波斯（现在的伊朗），它们的影响力同样不容忽视。19世纪60年代，日本在经历了快速的现代化和工业化进程后，摆脱了西方的控制，并使自己跻身于不断扩张的帝国行列。它相继击败了中国和俄国，并从这两个国家手中夺取了太平洋沿岸的大面积地区。

不过，在20世纪初，出于对西方统治和影响的不满，中国、菲律宾和西南非洲（比如纳米比亚）这些地方都发生了抵抗运动。虽然最后都被剿灭，有时甚至采取了极度血腥的方式，但是，到了1914年，独立或者自治的要求还是在许多殖民地涌现出来，特别是印度。

这些要求都基于民主主义和民族自决的观念。第一次世界大战结束后，胜利者借此推翻了欧洲的一些帝国，比如奥匈帝国。而在第二次世界大战后，基于同样的原因，再加上战争的巨大经济成本，西方列强在非洲和亚洲的帝国时代就此终结。

每一个帝国……都告诉自己和世界说，它与其他所有同类都是不同的，它的使命不是掠夺和征服，而是教化与解放。

——爱德华·W.萨义德，《洛杉矶时报》，2003年7月23日刊

工会、社会主义和共产主义

在前工业时代，工匠们联合起来，组成手工艺协会，制定行业准入制度，并设置出贸易标准。到了19世纪，由于工业的发展，社会权力的重心由土地贵族转向新工业资产阶级。越来越多的低薪产业工人出现了，他们在自由程度上不如早期的工匠，并且需要经常在危险的条件下工作。

工人们试图通过工会组织，为自己争取更好的报酬和工作条件，但政府和雇主们认为这样的组织威胁到了自身的财产权利，并会给社会带来不安定因素。而且法国大革命记忆犹新，掌权者担心会发生类似的起义。于是，工会被禁止，等待罢工的只有暴力镇压。

一些思想家开始质疑资本主义社会的基础。他们试图寻求替代方案，使国家能够提高人民的生活水平，并保证所有人得到正义和公平。"社会主义"这个名词是由法国人昂立·德·圣西门（1760—1825）首先提出来的，他认为实业可以在不降低劳动人口财富的前提下，改造整个人类世界。

1799年，慈善家和商人罗伯特·欧文在苏格兰新拉纳克买下了一家棉纺织厂。他在那里经营了30年，最终使之成为一个全新的工业综合体，可以为工人们提供良好的居住条件和其他设施。

欧文之后的社会主义者希望国家能够在困难时期为人民提供教育、医疗保健、最低保障工资、养老金等，以构建一个更好的社会体系。有人认为，社会主义社会可以通过民主改革实现；也有人认为，这必须是一场革命。

共产主义者提出了更为激进的目标——一个没有阶级的社会。在此基础上，所有的财产和财富都归公众所有，就像早期的基督教会一样。在1516年的《乌托邦》一书中，英国哲学家和政治家托马斯·莫尔描述了一个共同持有所有财产的社会。而后来的政治团体，比如平均派（出现于17世纪的英国内战期间）也曾提出过类似的理念。

这些早期的共产主义理想往往植根于宗教信仰，但是在《共产党宣言》（1848年）中，德国哲学家弗里德里希·恩格斯和卡尔·马克思采取了更加唯物主义的观念。他们认为"至今一切社会的历史，都是阶级斗争的历史"。他们将阶级与经济实力联系在一起，并进而得出生产资料决定生产关系的论断。历史上的所有社会都受到商品生产的推动，并进行工作和利润的分配，这一切都是由统治阶级控制的。在工业社会的西欧，恩格斯和马克思将社会划分成两个阶级：无产阶级或者工人阶级靠出卖劳动力为生，而工业资产阶级（资本家）则购买劳动力在自己的工厂里工作。这两个阶级在控制和享有劳动成果方面相互对立。马克思主义将历史科学性地定义为一个不以人的意志为转移的过程：资本主义已经征服了封建主义，而且又必须通过无产阶级革命来暴力推翻。这将建立理想的共产主义社会，一切生产资料归公众所有。

到19世纪末，社会主义者开始在工人健康、安全法规以及工作时间等问题上取得胜利，尤其是在像英国这样的国家，此前对工会的禁令已经逐渐解除。激进的工会行为被社会主义者和共产党人视为对资本主义的斗争的重要组成部分。

在20世纪，俄罗斯、中国和其他一些地方都通过共产主义革命建立了新的国家，其意识形态（至少在最初阶段）均植根于工业和土地公有的马克思主义思想，这种公有制度将通过国有化和集体化来实现。

到了20世纪末，西方世界的民主社会主义改革也产生了更加巨大的影响。在许多国家的经济发展过程中，政府起到了主导作用，负责提供教育和医疗措施，调整劳动环境和工资水平，并建造基础设施。

各尽所能，按需分配。

——1851年由社会主义者路易斯·布兰科首次提出这一口号，

后来由于被卡尔·马克思引用而广为人知

第六章　现代世界

过去的一个世纪见证了前所未有的变革——城市化、工业化、全球人口的激增，以及科学技术的进步。人类也经历了两次历史上最血腥的战争，而为了不再发生类似的冲突，新的国际机构诞生了。越来越多的人认识到，这颗小星球是所有人类的共同家园，而人类本身只是地球生物链中的一个组成部分。

时间表
Timetable

1905 年
爱因斯坦发表狭义相对论。

1911 年
中国爆发革命，结束了几千年的帝制。

1914 年
第一次世界大战爆发。巴拿马运河完工。

1917 年
俄国革命。

1918 年
第一次世界大战结束，奥匈帝国、德意志帝国和土耳其帝国覆灭。

1923 年
发现银河系以外的星系。

1928 年
青霉素被发现。

1929 年
华尔街的崩溃预示着大萧条开始。

1933 年
纳粹党在德国掌权。

1937 年
中国和日本之间全面爆发战争，一直持续到1945年。

1939 年
第二次世界大战开始。

1943 年
第一台全电子化计算机"巨人"，在布莱切利公园破解了德国军事密码。

1945 年
原子弹摧毁了广岛和长崎；第二次世界大战结束。联合国成立。冷战开始（一直持续到1989年）。

1947 年
印度独立。

1949 年

中国共产党在内战中获胜。北约形成。

1950—1953 年

朝鲜战争。

1957 年

苏联把第一颗人造卫星送入太空。欧洲经济共同体成立。

1960 年

世界人口达到30亿。

1961 年

第一次载人航天飞行成功。

1967 年

人类首次进行心脏移植。

1969 年

人类首次登上月球。

1975 年

越南战争结束。

1976 年
美国的"海盗"号探测器降落在火星。

1978 年
第一例试管婴儿诞生。

1979 年
天花被根除。

1989 年
万维网发明。

1991 年
苏联解体。

1997 年
第一只克隆哺乳动物出现在人类面前。

1999 年
世界人口达到 60 亿。

2003 年
人类基因组计划完成。

2011年

世界人口达到70亿。

2012年

大型强子对撞机论证了希格斯玻色子的存在。

现代主义艺术

现代主义是在20世纪初的一系列国际艺术运动中出现的概念，其宗旨在于挑战传统的艺术形式和价值观。

现代主义成为新的社会科学的一部分，尤其是西格蒙德·弗洛伊德的《梦的解析》（1900年）。弗洛伊德的思想彻底改变了人类行为的概念，这也激励了很多作家、作曲家和其他领域的专家去更加深入地探索人类的心理状态。

对于我们来说，对潜意识的内在本质的了解与对外部世界的真实本质的了解同样少，而且和通过感觉器官所感知的外部世界一样，意识反映给我们的信息也是不完整的。

——西格蒙德·弗洛伊德，《梦的心理学》（1921年）

在19世纪的后半段，波德莱尔、沃尔特·惠特曼等作家开始尝试用语言和叙事来进行实验，并创造出更多含混、充满自我意识和具有讽刺意味的表现形式。现代主义对文学水平的要求甚高，它用错综复杂的典故向读者提出了挑战，其中大多是神话故事。现代主义文学包含了很多新的形式——特别是意识流，它通过人物每时每刻的思想和语言将世界呈现出来，而不是通过作者或旁白"客观"的声音。这种写作手法在詹姆斯·乔伊斯（1882—1941）标新立异的史诗巨著《尤利西斯》（1922年）中尤为常见。在书中，现代的都柏林生活与荷马时期的奥德赛重叠在一起。

在诗歌中，传统的诗节、顿挫和格律都被自由诗体所取代，变幻莫测的结构不断地推翻读者的期待。这一时期最有影响力的诗歌是T. S. 艾略特的《荒原》（1922年）。他使用自由诗的体例，将不同的声音和思想碎片杂糅在一起。而且，和《尤利西斯》一样，他也使用神话和经典文学中的典故来对照第一次世界大战浩劫后异化的现代生活。这种异化同样出现在弗兰兹·卡夫卡的作品中——这位生活在新捷克斯洛伐克首都布拉格的讲德语的犹太人，同样是一个双重"局外人"。卡夫卡用了一种看似真实的叙事风格来描绘噩梦般的现代生活。在他看来，在莫名其妙而又充满官僚主义的法律面前，人性的努力注定是要失败的。

音乐同样充满了实验性。建立在西方经典体系上的传统曲调，被"无调性"所取代，即没有什么是不能改变的。在维也纳，阿诺尔德·勋伯格发明了十二音作曲法。这是一种全新的曲式结构，在作品中，每一组旋律中必须使用八度中所有12个音和半音。在1913年的首演中，伊戈尔·斯特拉文斯基为佳吉列夫的芭蕾《春之祭》所创作的音乐引发了一片哗然。不过音乐中最具吸引力的是爵士乐，这是一种源于非洲裔美国人的音乐。虽然与古典音乐相比，它显得资历尚浅，但同样对后来的音乐造成了很大的影响。

此外，视觉艺术也越来越得到世界的关注，例如，巴勃罗·毕加索在第一次世界大战之前绘制的几幅作品中都出现了具有非洲特色的面具图案。这就说明了西方的"高级艺术"不再具有高高在上的优越地位。通过立体主义，毕加索还把目光投向物理世界。立体派画家摒弃了传统的视角，试图透过几个面来描绘一个人或一个物体，并且将目标处理成一系列简单的几何图形，比如立方体。弗洛伊德在20世纪20年代对梦和潜意识关键作用的强调，也为超现实主义的兴起打下了基础。一些画家，比如萨尔瓦多·达利和雷尼·马格里特，使用细致的现实主义手法去描绘在日常生活中匪夷所思的对象和场景。超现实主义也影响到了电影与文学；在后者，许多作家都试图通过放弃有意识的控制，采用"自由写作"的方式来创造作品。

长期以来，对于大多数的普罗大众来说，现代主义的作品是无法理解的，甚至是可笑的。在苏联，现代主义实验仅仅出现几年后，约瑟夫·斯大林就下令，任何形式的现代主义都代表了西方腐朽而堕落的资产阶级形式主义，是劳动人民的异端。于是，现代主义被"社会主义现实主义"所取代。同样，纳粹也谴责现代主义为"退化"和"非德意志"的艺术。虽然在西方的许多其他地方，同样对此充满了疑问，但是到了20世纪末，现代主义在许多领域已经成为主流，并开始对流行文化产生普遍的影响。

人与机器

"轰鸣的汽车，就像踏着机枪在奔驰，它比萨莫雷斯的胜利女神还要美丽。"未来主义的代言人菲力波·马利内提这样写道，这是一种在第一次世界大战之前出现在意大利的现代主义运动。许多现代主义艺术家都接受了机器美学，这也成为当时建筑学的一个特征。勒·柯布西耶将房子描述为"一台可供居住的机器"，现代主义建筑学抛弃了19世纪那种富丽堂皇的装饰风格，转而遵循"形式追随功能"的名言。

性别平等

一些证据表明，在一些早期的人类文明中——例如克里特岛的青铜时代文明，就存在着母系氏族社会。此外，自公元前35000年到公元前11000年出现在欧洲的那些所谓的"维纳斯"雕像，也明确地说明了妇女地位的崇高。不过，也有一些人类学家认为，在史前的狩猎—采集族群中，性别是相对平等的。

布拉桑普伊的维纳斯像，雕刻在猛犸象牙上，出现在大约公元前20000年

然而，在大多数有文字记载的历史中，仍然是父权制（在家庭和社会中，男性占主导权）盛行。不过从19世纪晚期起，在世界的某些地区，妇女的地位开始发生改变。变革的关键是妇女获得选举权：1893年，新西兰成为世界第一个妇女拥有投票权的国家；相比之下，瑞士的女性必须等到1971年才能投出自

己的一票；而直到2015年，沙特阿拉伯的女性选民才第一次出现在市政议会选举中。对于妇女来说，民族、阶级和政治的偏见始终存在。比如说，1919年肯尼亚的欧洲裔妇女可以获得投票权，而非洲裔妇女却不行。而直到1952年，玻利维亚有文化的妇女才拥有了选举权。

> **女人不是天生的，而是后天造就的。**
>
> ——西蒙娜·德·波伏娃,《第二性》(1949年)。性别认同（与生理学相对）是一种社会建构，这种理念在女权主义中发挥了至关重要的作用，并且促进了变性的出现

虽然妇女们在田间地头，乃至后来的工厂里日复一日地辛勤劳作，但她们很难取得与男性相同的岗位。而到了19世纪晚期，即便越来越多的女性开始走上管理岗位，很多行业（比如医药行业）依然是她们的禁地。在第一次世界大战中，事情发生了重大变化。为了赢得战争，英国等一些国家不得不动员所有劳动力。于是，妇女接管了原本只属于男人的工作，比如军火工厂。不过，在两次世界大战中，这种情况在德国都很少见。从他们的口号中，我们就可以大体看出德国妇女的角色——"Kinder, Küche, Kirche"（德语，意为"孩子、烹饪、教堂"）。有人认为，未能充分地调动潜在劳动力是德国在两次战争中失败的因素之一。

其他更广泛的社会变化，包括工业化、城市化、个性解放、

风俗转变以及教育程度的提高，都极大地影响了女性的地位。国家主导的教育普及导致女性识字率显著上升，并使其在职业选择和社会流动等多方面有了更加广泛的选择。

在推动妇女进步的诸多因素中，身体权利的解放至关重要。当时，分娩所带来的伤害已经有所降低，但生产的风险依然存在。而避孕和计生措施往往受到各种阻挠，有时甚至是法律的禁止。此外，在不少国家中，大学仍然主要是男性的天下。女性的平均工资普遍较低，她们被拒绝给予——或者说至少没有得到——与男性平等的机会。

到了20世纪末，随着生殖科学的发展，一些最重要的变化终于出现。避孕药和避孕用品为女性带来了更多的独立性。同时，抗生素也使得男性和女性免受某些性病的痛苦。尽管经常得不到彻底的贯彻和执行，但一些国家还是颁布法案以保障妇女们的平等权利。比如，英国在1970年就颁布了《同工同酬法案》，只不过在此后的很长一段时间里，女性的平均工资仍然低于男性。

在许多国家里，对性行为和性别平等的态度也出现了一些变化。例如，撒哈拉以南的非洲地区出现了越来越多的同性恋，有些人甚至是宗教信徒。部分宗教依然保留了一定的性别歧视态度，天主教会依然拒绝任命女祭司。

女性在基础教育上的缺乏依然制约着世界的发展。近年来，在尼日利亚和巴基斯坦等国家，激进主义团体越来越多地使用暴力手段来阻止妇女们获得教育，他们希望重现传统的性别角色。

"让我们拿起我们的书和笔吧，"我说，"它们是我们最强大的武器。一个孩子、一位教师、一本书和一支钢笔，就可以改变世界。"

——巴基斯坦妇女教育的带头人马拉拉·优素福扎伊，最年轻的诺贝尔奖被提名者，她在2012年的一次暗杀中幸存下来，当时仅仅15岁

第二次科技革命

在20世纪初，传统科学的稳固地位被两种全新的理论推翻了：相对论和量子理论。自牛顿时代以来，科学家们一直相信宇宙和它所包含的一切都可以用机械论的观点来解释，万有引力定律和运动三定律是绝对的真理。而一切事物——至少是与物质和力相关的事物——都可以用牛顿的理论来解释，并进而得到测量。

虽然在大多数的实际事例当中，牛顿的定律依然有效，但人类已经证明了它们既不是绝对的，也不是普遍的。根据爱因斯坦的相对论，在接近光的速度时，无论是时间还是质量都不会保持不变，时间和空间是耦合在一起的，而空间和光线都可以因为重力作用而发生扭曲。

此外，量子理论表明，牛顿的定律在亚原子尺度上并不适用。依照量子理论，光以及其他形式的电磁辐射，既不是波，也不是粒子，但同时又可以既是波又是粒子。由此，其他的定律也出现了瑕疵。在牛顿力学中，理论上任何一个物体的位置和动量都可以被精确地测量。但量子力学表明，在亚原子尺度上，同时测量一个粒子的位置和动量是不可能的，因为观察本身就已经对结果造成了改变。

1930年，阿尔伯特·爱因斯坦教授抵达纽约，在"贝尔根兰"号客轮的休息室中被一大群记者围绕

　　这些反直觉的理论似乎是来自爱丽丝的仙境，它们打破了我们关于空间、时间和因果概念的固有观点。然而，观察和实验已经从很多方面验证了这两个理论。量子理论可以解释一系列的现象，从眼睛如何探测到光到半导体的工作原理，后者也成为现代计算机领域中的一项核心技术。爱因斯坦著名的方程$E=mc^2$（c为光速），表明质量（m）可以转化为能量（E），这也成了研究核能和核武器的基本理论。

　　在其他领域，20世纪也出现了革命性的变革，比如交通、发电、医学、农业、生物工程和计算机技术等。科学家们解释了DNA的分子结构，并由此发现遗传特点是如何继承的。同时，在了解大脑工作模式方面也取得了显著的进展。由于这些发现，科学的地位与日俱增。到了20世纪50年代，科学家已成为社会进步的引路人与保障，就如同19世纪的工程师一般。

原子释放出的能量已经改变除了我们的思维方式以外的一切，因此，我们正在走向空前的灾难。

——阿尔伯特·爱因斯坦，在 1946 年 5 月 24 日发给美国人的一份电报中这样写道

向疾病宣战

在医疗科学和实践方面，20世纪出现了前所未有的进步，甚至影响到了数十亿人的生命。那些曾经的不治之症，曾经令人束手无策的顽疾，都被一系列的新发现所攻克。

1922年发明的胰岛素帮助许多年轻的糖尿病患者继续活下去。6年后，亚历山大·弗莱明偶然发现，一种叫作青霉素的霉菌能够杀死细菌。不过，人们又花了几年的时间才找出它的生产方式，从而真正利用它来应对细菌感染。

青霉素的发明，预示着20世纪40年代的抗生素革命的到来，它使医生可以治愈肺炎、败血症和脑膜炎之类的疾病。起初，抗生素对结核这种致命疾病没有效果，因为结核杆菌可以快速地对特定药物产生耐药性。然而在20世纪50年代，人们发现，通过长时间的抗生素组合给药，结核病也可以被成功地治愈。不过，在最近的几十年，结核杆菌对药物，甚至是抗生素组合的耐药性也在快速提升。

其他诸如大肠杆菌之类的细菌也产生了对抗生素的耐药性。耐药性对人类健康的威胁日益严重，并使以往相对简单的外科手术变得危险，因为任何由此产生的伤口一旦感染，都可能变为不治之症。更多的威胁来自农业中对抗生素的大量使用。自1987年以来，基本没有新的抗生素种类被发现。

抗生素并不是唯一可以对抗疾病的措施。常见的儿童期疾病，比如麻疹、百日咳和白喉，都可以通过疫苗接种来进行有效的控制，这成为公众健康领域一种非常常见的措施。天花疫苗的接种非常成功，在1979年，世界卫生组织宣布它被根除。1956年，一种预防小儿麻痹症的疫苗开始应用于实际，在未来，这种疾病也可能被根治。不过，尽管在抗病毒药物的使用上取得了一些进展，但有些病毒，包括流感病毒、艾滋病毒和埃博拉病毒，都被证明是难以治愈的，还有待于医学科学的继续挑战。

由于有了抗生素，以及对麻醉剂了解和应用的进一步发展，一些原本精密的手术，比如阑尾切除术都已不在话下。输血、人工髋关节和膝关节植入以及人体器官移植等新技术都已变得寻常。1967年，第一例人类心脏移植手术成功。从20世纪70年代起，随着基因技术的发展和应用，人类看到了基因治疗的曙光。

精神疾病的治疗也越来越受到重视。随着对生理学和神经学的认识不断深入，精神疾病的诊断和治疗也出现了极大的改变。到了20世纪末，更加安全有效的药物开始用于重度精神疾病和抑郁症的治疗，而各种心理介入疗法也大大提高了治愈率。但是，在世界的大部分地区，对精神疾病的治疗措施尚处于较低水平，大量病人仍然得不到有效治疗。

除了疫苗接种，公共卫生措施还包括卫生知识的推广（甚至是一些小事，比如经常用肥皂洗手）、免费安全套的发放，以及清除积水、减少蚊子的繁殖等多方面。在公众健康领域，人们围绕着个人卫生问题及企业和政府对此的责任始终争论不休。目前最为激烈的争论包括，国家应不应该采取措施解决吸烟、滥用酒精和其他药物，以及由于社会发展和收入增加所产生的肥胖等各种问题？如果应该的话，又需要采取什么样的措施？

在20世纪，医学界还出现了一些非常不同的分支。第一次世界大战之后，整形手术得以发展，用于治疗战争创伤的受害者。后来，这项手术逐渐走进普通人的生活，成为一种美容方式。最近，运动场上出现的提高身体机能的药物引起了人们的普遍愤慨——比如足球和田径的兴奋剂丑闻。这也成为一项世界性的问题，甚至衍生出数十亿美元的产业链。

大战一触即发

在1900年，几乎没有人会相信，一场持续数年并足以摧毁世界旧有格局的大战即将爆发。虽然大国之间的关系非常紧张，而且一场国际军备竞赛正在如火如荼地进行中，但这样的紧张关系并不新鲜，而且也从未导致过重大的战争。

自1815年的拿破仑战争结束以来，欧洲各国一直保持着和平。就算是大国之间发生的一些战争——比如1866年的奥普战争，以及1870—1871年的普法战争——也都只持续了数周或数月的时间。

到了20世纪初，新的好战情绪开始在欧洲的执政精英中间弥漫。当时，国家间的冲突其实不过是达尔文"适者生存"理论的一种表现。人们普遍认为，国家对其公民有征募的权力，体现在征兵制上（首次大规模的征兵发生在100年前的法国）。在许多欧洲国家，年轻的成年男性必须在军队服役，一般为期两年。退伍之后，每年还要服几周的义务兵役。这种体制为1914年第一次世界大战的爆发奠定了庞大的武装力量基础。正是这种对军事命令的习惯性服从，再加上狂热好战的爱国情绪，打消了人们对战争的疑虑。工业化和科技发展速度的加快，也使得现代化武器——包括机枪、飞机和潜艇——得以装备部队。在19世纪的最后20年里，欧洲主要大国的军费支出增加了一倍，而到了20世纪的第一个10年，这一数据又翻了一番。

截至1914年，欧洲的大国间已经形成了一系列的军事联盟。它们希望借此威慑对方，以维持和平和力量平衡。但是，这样的同盟反而加剧了战争爆发的风险，因为以往对一个国家的敌意，现在就变成了对整个联盟的威胁，而某些极端好战的盟友则正好可以借此发号施令。1914年爆发的巴尔干危机，正是由于德国和法国未能有效地遏制自己的主要盟友——奥匈帝国和沙皇俄国。

另一个潜在的威胁就是，当时各国的军事计划并不是由该国的文职领袖所决定的，而要受到该国大量基层官员的影响——这些人想当然地认为先发制人才能够决胜千里。因此，在第一次世界大战期间，他们拟订的计划总是充满了先发制人的攻击性。

我们要有八艘战舰，而敌人不会给我们时间。（We want eight, and we won't wait.）

——1909年，英国出现了这样的口号。在第一次世界大战期间，各主要国家都竞相装备速度更快、武器更精良的战舰，比如1906年英国海军的"无畏"号

工业化绞肉机

  1914—1918年的第一次世界大战，是人类经历过的最血腥的战争。之所以这么说，部分是由于它涉及当时世界的三大经济强国（德国、英国和美国），这些国家拥有领先于其他国家的殖民体制，控制了大量的人口资源。另外，破坏性的武器装备，以及前所未有的工业规模，同样也是非常重要的原因。

  另一个关键因素是参战各方无法通过和平谈判来结束冲突，这一点在第二次世界大战中再度重演。其所带来的结果就是，伤亡程度的加剧，助长的并不是和谈沟通的努力，而是投入更多战斗人员，死拼到底的决心。

  战争初期，对阵的双方分别是德意志帝国和奥匈帝国（同盟国）对法国、比利时、英国、塞尔维亚、沙俄（协约国）以及日本[①]。而后，双方都在招募新的盟友，不过同盟国只得到了奥斯曼土耳其和保加利亚的支持，而协约国的新成员包括意大利、葡萄牙、罗马尼亚，以及最重要的美国（于1917年4月参战）。

  战争的直接原因是奥匈帝国对塞尔维亚的入侵。1914年6月28日，在塞尔维亚秘密社团"黑手会"的支持下，一名波斯尼亚

[①] 一战后期，日本、美国和中国加入了协约国，而沙俄在爆发了十月革命之后，退出了第一次世界大战。

民族主义者在萨拉热窝（当时奥匈帝国统治下的波斯尼亚首都）刺杀了奥匈帝国的王储弗朗兹·斐迪南大公。奥匈帝国拒绝了塞尔维亚提出的赔偿方案，而选择了战争，希望借此镇压帝国内部的民族主义情绪。

接着，沙皇俄国开始调动军队征讨奥匈帝国，并拒绝了德国关于撤军的最后通牒。于是，德国向俄国宣战，随即向俄国的盟友法国宣战。这一决定在很大程度上源自德军军方，它认为与其陷入法俄联盟的包围圈，还不如先下手为强。德国总参谋部计划绕开德法边境的法方防线，通过孱弱的比利时入侵法国，并迅速对其进行致命打击，从而逼迫法国退出战争。但是作为比利时中立条约的担保人，这一行动却迫使英国不得不卷入战争。

大战甫开，一时间看不出谁胜谁负，但到了1914年年末的时候，德国在比利时和法国的领土上取得了节节胜利。因此，协约国被迫加大攻势，力图恢复失地，同时减轻俄国面临的压力，后者在1914—1915年的对德作战中损失惨重。

到了1914年9月，德军开始转为守势，协约国军也做出了同样的选择，西部战线就此诞生。错综复杂的战壕西起法国和瑞士边境，一直向北直到北海。法国和英国的将军曾寄希望于通过正面进攻取得决定性的突破，但当时的军事技术，尤其是布设在战壕和防空洞中那些火力强劲的机枪和大炮，都更倾向于守方。大量的人员伤亡并没有取得相应的战果。不过，到了战争末期，一些新的战术——比如利用炮火的精确打击配合步兵突击——还是取得了良好的效果。正是这些战术，帮助协约国军在1918年取得最终的胜利。

我们很惊讶地看着（英国士兵）前进，我们从来没有见过这样的场景。军官们冲在最前面。我注意到其中一个人还拄着一根拐杖，照样镇定自若地向我们走来。我们开始射击，不断地给子弹上膛，打空了再上膛。他们成百成百地倒下。你根本不必瞄准，只需要向他们开火。

——德国机枪手回忆索姆河战役第一天时的情景（1916年7月1日）

战争期间，伤亡情况已经达到了一种骇人听闻的规模。在一些战斗中，尤其是1916年的凡尔登和索姆河战役，双方付出的代价都是毁灭性的（有总计超过200万人的伤亡）。虽然在1917—1918年的战争中击败了俄国，但德国人最终还是败在了协约国的手中。

战争为许多军事工业集团带来了发展机遇，特别是在枪械和高爆炸弹的制造领域。海洋的控制权同样非常重要。德国发动了对敌国商船长期而成功的水下行动。与此同时，协约国海军，特别是英国海军，也对德国进行了严密的封锁，并造成其资源的严重匮乏。双方都开始使用毒气，虽然这从来不是战场上的决定因素。

在这次大战中，传统战场上那些个人或集体英雄主义的行为非常鲜见。相反，它证明了，在致命的机械化战争中，人的重要性已经被大大削弱。战争中还首次出现了对平民目标的空中轰炸，这也进一步加深了人们对空袭的恐惧。这一切都在一定程度上促成了随后的反战情绪。不过，在20世纪20年代初的那个时候，很多人依然选择接受战争，他们认为这是一个公民不可避免的义务和牺牲。

　　政客们完全没有想到事态会发展到这个地步。将军们同样不知所措。他们信任的只有人民，而这正是胜利的秘密。他们所征调的人群超出他们的控制。所有人都在或多或少无助地彷徨着。

　　　　　　　　　　——A. J. P. 泰勒，《第一次世界大战》（1963年）

《凡尔赛和约》及其影响

第一次世界大战结束后，参战各方缔结了一系列的和平条约，其中最为重要的是1919年与德国签署的《凡尔赛和约》。通过这些条约，胜利方希望达到惩罚失败者和维持战后世界稳定的双重目的。

《凡尔赛和约》的最大失败之处，在于它并没有阻止下一场战争在20年后爆发。而早在1919年，曾经参加过和平谈判的经济学家约翰·梅纳德·凯恩斯就已经做出了预测，这份严苛的合约必将导致德国的金融崩溃和进一步的动荡。同样对此持有怀疑态度的还有费迪南·福煦元帅——协约国军战时的最高指挥官，他在1919年5月抱怨称："这不是和平。这只是20年的停战协议。"

对于和平的缔造者们来说，面对的事情还有很多。1918年，战争已经随着德奥两国政府的垮台以及土耳其的投降而告终。现在，民族主义者需要在东欧和崩塌的奥斯曼土耳其帝国上建立新的国家。基于此，和平缔造者们打算将匈牙利从奥地利中分离出来（这个曾经辉煌的帝国也随之缩小到现在的规模），并且承认波兰和捷克斯洛伐克为独立的民族国家。罗马尼亚的领土变得更大。同时，以塞尔维亚为主体，成立了一个全新的国家——南斯拉夫。

作为失败方，德国并没有像奥匈帝国那样分崩离析，但它同样需要向波兰割让土地，并且被强制返还在1871年普法战争中占领的法国领土。它还不得不复员军队，解除武装，并且赔偿战争所造成的损失。这对德国的经济造成了极大的破坏，并激发了人民的仇恨情绪，终于使像希特勒这样的极端分子从中牟利。纳粹充分利用了这一点，对魏玛共和国进行诋毁，后者是1919年取代帝制而成立的民主政府。

奥匈帝国的毁灭同样没有解决所有的问题。在匈牙利，对大部分领土被转交给捷克斯洛伐克、罗马尼亚和南斯拉夫（现在的斯洛伐克、罗马尼亚和克罗地亚）的愤怒一直持续到了今天。土耳其在1920年同样失去了大量的领土，尤其是一些阿拉伯省份，分别被转让给了法国（叙利亚和黎巴嫩）和英国（伊拉克、巴勒斯坦和外约旦地区）。战胜国人为地划定了中东地区的国界，有些甚至是随意的直线。这样做的结果就是留下了三个长期的隐患：他们阻挠了阿拉伯人建立民族国家的野心，粉饰了宗教派别的分歧（特别是什叶派穆斯林与逊尼派穆斯林之间的矛盾），同时也忽视了该地区非阿拉伯裔人民的权利，比如库尔德人。

在美国总统伍德罗·威尔逊的推动下，《凡尔赛和约》的签订国决定建立起一个全新的国际机构，用以监督全球体系，维护世界和平。这就是"国联"。但是，由于美国在很大程度上是由逃避迫害或躲避战火的欧洲人建立起的国家，并在长期以来一直反对"外国干涉"，因此美国参议院拒绝支持和加入国联，它再次恢复到孤立主义的常态中。同样被排除在外的还有共产主义领导的苏联和战败的德国，这就使得这个联盟从建立之初就极不稳固（参见第289页）。

革命烽火

20世纪前半叶世界历史的一大特点，就是对原有政治制度的暴力颠覆。许多国家都受此影响，其中最引人注目的是中国和俄国。

对大多数革命者来说，君主制早已过时，并成为社会变革的阻碍因素，只有现代化的国家制度才能应对现代世界的变化，比如竞争激烈的国际环境、国内改革的需要，以及社会动乱的威胁等。虽然从19世纪60年代起，日本已经证明帝国制度与现代化改革似乎可以共存，但它并没有成为其他国家的榜样。到了20世纪早期，这些地方的危机日益严重。指望着腐朽没落的旧王朝自我救赎是不可能的，因此，在许多国家——比如中国、土耳其和葡萄牙——地方军阀理所当然地承担起负责改变的重任。1900年，在外国列强干涉和镇压下，中国的义和团运动失败了。不过，这也剥掉了清王朝最后的荣耀。中国皇帝在1911—1912年退位，结束了超过两千年的帝制，取而代之的是一个新的共和国。但是，在随后的十几年里，军阀混战使这个国家再度分崩离析。

第一次世界大战不仅颠覆了奥匈帝国、德意志帝国和奥斯曼土耳其帝国，它还引发了俄国革命。对德战争的多次失败加剧了俄国本已尖锐的社会、经济和政治矛盾，人民不再相信政府，尤其是挑起战争的沙皇尼古拉斯二世。在1917年年初，一个温和的共和政府推翻了沙皇的统治，但是它并未承诺退出战争。他们被弗拉基米尔·列宁的小而坚定的布尔什维克小组——未来的苏联共产党的核心——所推翻。后者在十月革命后夺取政权，并实行了集权主义制度[①]。

列宁先是摧毁了左翼对手，然后不顾英国、法国、美国、加拿大和日本等国际军事力量的干涉，发动内战击败了右翼的白色政权。布尔什维克党占领了主要工业制造业中心，并控制了莫斯科的铁路枢纽系统，这样他们就可以把物资运送到最需要的地方去。

> 资产阶级国家由无产阶级国家代替，只能通过暴力革命。
>
> ——列宁（1917年）

由于刚刚结束了世界大战，又缺乏一致的目标，外国的介入很快就失败了。不过，在"只有一个俄国，伟大而不可分割"口号的鼓吹下，各地的民族主义运动风起云涌，原沙皇俄国的附属国纷纷要求独立。最后，在乌克兰、高加索和中亚地区的运动失败了，而芬兰、爱沙尼亚、拉脱维亚、立陶宛和波兰则成功获得了独立。1922年，新的苏维埃社会主义共和国联盟（苏联）在列

---

① 集权主义，即权力集中于某一群人或某一政党，一切政治权力、经济政策皆由执政党"一党专政"。

宁的领导下建立了，这是一次对旧沙皇俄国十分有效的再创造。

布尔什维克党人激进的改革措施包括了实施农业和工业国有化。对富农阶级的清算将超过500万户的富裕农民投进劳改营或干脆发配到偏远地区。布尔什维克一直致力于改革，尤其是快速的工业化，他们认为这是强化政权的一种手段。

苏联的两个关键特征就是洗脑和秘密警察。那些持不同政见者或反革命分子遭到逮捕，并被处决或是送到体系庞大的劳改营中。在那里，数以百万计的人像奴隶一样从事劳役，许多人因此而死去。这种极端的行为也导致了斯大林时期的公审和大清洗，很多党员、布尔什维克领导者，甚至秘密警察的高层官员都被迫承认犯下了叛国罪，并受到惩罚甚至被杀害。

世界经济大衰退

1637年，荷兰的郁金香球茎价格突然一路上扬，当时的人们甚至变卖房产，只为换取一颗球茎。不过，好景不长，很快郁金香的价格就开始滑落。这次"郁金香热潮"可以说是现代历史上的第一次投机泡沫破裂。

随着银行和资本投资的扩张，许多类似的泡沫和暴跌相继出现，其中包括1720年密西西比公司和南海公司的倒闭风潮。由于投机的资金往往是通过借贷而来的，当泡沫破裂后，借款人破产，出借的资金无法回收，银行因此而倒闭，整个经济开始衰退。

在19世纪，由于铁路投资的灾难性失败，1873年的经济恐慌引发了横跨欧洲和美国的经济衰退。这次大衰退至少持续到1879年——甚至有的人认为它直到1896年。这次现在被称为"长萧条期"的经济衰退，曾经一度被冠以"大萧条"的名号，直到20世纪30年代那次灾难性危机的来临。

华尔街的崩溃及随后1929年的股市暴跌，直接导致了20世纪30年代的这次全球性萧条。在此期间，生产和贸易额不断下降，商业活动萎靡不振，公共财政崩溃，人们的失业率急剧上升。这是一次世界经济体系内的根本性危机，同时也迫使一些国家将施政方针由民主主义向集权主义过渡。

造成这种萧条的原因之一是第一次世界大战对战前经济体系造成的巨大破坏。战后，美国成为主要的债权国之一，并背负起沉重的债务负担。到了1929年，原本规模较小的信贷体制问题如滚雪球般膨胀，并演变成为对资本价值的信任危机。在此前的10年间，投机行为一度大行其道，股价也持续飙升。但是，一旦投资者的信心崩溃，股价也会如雪崩一样急速下跌。银行的贷款无力召回，一些实力较差的银行出现挤兑，而这种风潮也会削弱原本实力雄厚的那些大银行的信誉，危机就此愈加恶化。由于投资和贸易信贷的下降，经济消费也逐渐疲软。初级生产者们（比如澳大利亚和巴西的那些食品和原材料生产商）发现自己在发达国家的市场正逐步萎缩。这些生产商无力购买工业国家的制成品，反过来他们的出口也受到了影响。

关于是什么引起了大萧条的争论一直持续到今天。经济学并不擅长解释经济活动的波动。

——经济学家尤金·法马在接受《纽约客》采访时所说

（2010年1月13日）

新的连锁反应不断出现。全世界的失业率都在上升，工资水平下降。1932年，美国的失业率上升到近24%。

越是基础薄弱的领域，受到经济紧缩的伤害也就越严重。例如，在英国，采矿业和重型制造业都受到了严重的打击。不过，也有一些行业却逆势增长。汽车、收音机和洗衣机的生产量都在增加，而电影工业也迎来了发展的重要时期。在苏联和纳粹德国，工业都出现了显著增长，这是因为政府集中资源发展重工业，并建成一系列强大的军工复合企业。然而，这种增长是以经济资源分配的不平衡为代价的，这种对武器制造业的过度投资，造成了长期的破坏性后果。

大萧条给政治家们提出了难题，尤其是在那些自由市场国家。起初，一些政府尝试削减开支和提高利率来保护本国的货币，就像在"长萧条期"时一样，甚至贸易保护主义措施和关税也再度被提出。而与之形成对比的是，从1933年起，美国推出一系列新政，利用政府支出来刺激经济增长，就如约翰·梅纳德·凯恩斯等经济学家所倡导的一样。同时，新政还提出了对银行实施更有效的监管措施。

但在大多数国家，甚至是美国，工业的复苏仍然相当疲软。直到第二次世界大战开始后，制造业和就业率才开始缓慢复苏。

在2008年，类似的过度投机和银行疲软导致了新的一次全球性金融危机。对于这次危机，各国的反应与大萧条时期并无二致。一些国家开始实行紧缩政策，靠牺牲国民福利和缩减地方政府支出来应对；而另外一些国家则主张采取更接近美国新政的措施，或者通过各种手段扩大货币供应量。在未来的几十年里，各国对类似问题的处理将对世界如何应对未来的金融危机起到决定性的作用。

集权主义

20世纪30年代，在世界不同地区，一些集权主义政权开始崛起。这些反民主的政党获得权力之后，开始实施冷酷的独裁统治。

在此之前，一些国家已经产生了这样的制度，比如1922年法西斯党领袖本尼托·墨索里尼上台后的意大利。到了20世纪30年代，更多的国家在全球经济萧条的压力下做出了强烈反应。其中，民众对极端意识形态的支持也起到了相当的作用，特别是在德国。1933年，阿道夫·希特勒率领纳粹党夺取了政权。他颁布了许多深得人心的政令，而他对某些社会团体和民族的公开仇恨与迁怒，也为他带来了大批追随者。希特勒对德国在《凡尔赛和约》中受到的制裁感到出离愤怒，他认为德国的"背后中了暗箭"——它是被自家的政客给出卖了。纳粹党人其实掩盖了一个事实，即在1918年签订和约的政治家们并非出于本心，只是国内的经济崩盘和在西部战线上的失败已经让德国没有了退路。

对于一个国家的民众来说，谎言越大，就越容易被相信。

——阿道夫·希特勒，《我的奋斗》（1925年）

在日本，政府在20世纪20年代许下的民主承诺被30年代的专制军国主义所取代。在拉丁美洲和东欧，独裁政权也开始盛行，只有捷克斯洛伐克仍然保持着一个民主的国家政体。在西班牙，1936—1937年的内战后，左翼民主政府被以弗朗西斯科·佛朗哥为首的右翼军阀集团所推翻。在交战过程中，双方都有意地展开了对平民的屠杀，在整个内战期间，西班牙大约有15万人死于屠杀，战后又有5万人被杀害。佛朗哥的部队得到了意大利和德国的资助，而苏联则在偏帮共和政府。内战结束后，欧洲民主政体的失败无疑助长了希特勒的扩张野心。

独裁政府自古就有，集权主义也一样。但在20世纪，它们都表现出了新的特征，法西斯不仅要统治政府机构，还要掌控本国公民的思想。他们利用大众传媒（尤其是广播和电影）散布极端言论，并靠秘密警察和线人对人民进行窥探。残酷的刑罚、监禁和谋杀使人民时刻生活在恐惧之中。对极右派来说，为了驱逐劣等民族、掌握国家的命运，军事行动是必不可少的。因此，希特勒、墨索里尼以及日本的军国主义者准备冒险一搏，甚至不惜发动战争。不过，就连他们自己也没有预料到即将到来的世界大战有多么的残酷。

在华尔街崩溃之后，美国对日本采取了高额的关税，这使得后者认为自己受到了西方世界的孤立。在日本的领导者看来，领土扩张才是保护本国的经济，并获得其急需的自然资源的唯一途径。于是，在1931年，日本入侵了中国东北的满洲（参见第289页）。1937年，它对中国发动了一场全面的侵略战争，这场战争造成了巨大的财产损失和数百万人的伤亡，其中很多都是平民。虽然日本占领了许多主要城市，但是到了1938年年末，他们发现自己已无力征服中国，甚至连继续作战都变得非常困难。这种挫败感影响了日本人对1939—1941年国际形势的判断。他们坚信，正是对中国的国际援助影响了他们的作战计划，因此通往中国的供给路线必须被切断。

在欧洲，几年来，希特勒一直以保护居住在外国的德裔侨民为借口，向其他国家提出领土的要求。正是凭借这样的理由，德国于1939年9月1日入侵波兰。而为了维持和平局面，在此之前，英国和法国一直在满足希特勒的要求——这就是所谓的"绥靖政策"。现在，为了支持波兰，他们不得不向德国宣战。这很快就演变成全球性的战争，因为英国和法国都动员了自己庞大的海外帝国。

全面战争

直到今天，第二次世界大战依然是"全面战争"最极致的范例。在这场战争中，民用资源和基础设施被完全动员起来，成为战争机器的一部分，同时也被敌人视为合法的军事打击目标。这或许是历史上第一次平民死亡的人数远远超过作战部队的战争，共有多达6000万人失去了生命，还有数百万人死于饥荒和疫病。

希特勒渴望建立一个更大的德国，将欧洲中部许多有德国人居住的地区都囊括其中。他一度打算为生活在苏联西部的德裔人口谋得Lebensraum（德语，即生存空间），甚至为了获得石油等战略经济物资而进一步南侵。战争初期，他的战略非常成功。1939—1941年，德国在欧洲占领了大片土地。不过，即便在将英国军队赶出欧洲大陆，又在1941—1942年占领了苏联在欧洲的大部分领土之后，他发现自己依然无法赢得战争。

以温斯顿·丘吉尔为首的新一届英国政府对用妥协换取和平的策略不屑一顾，他们自始至终坚持战斗，直到苏联和美国参战。最重要的是，自1941年德国入侵之后，即便经历了正面战场上惨痛的失败，苏维埃政权始终没有像在1918年时那样提出和谈。造成这种局面的很大一部分原因是希特勒已经公开表示，他的目标就是奴役或消灭东方所有的非雅利安人种，尤其是大部分的斯拉夫人。纳粹将其视为Üntermenschen（"下等人"）。

在东方，德国的盟友日本同样取得了重大胜利。1941—1942年，它占据了英国、法国、荷兰和美国在东南亚和太平洋地区的殖民地。和德国人一样，它永远也不会停止攫取利益的脚步。1941年12月7日，日本突袭了在珍珠港的美国太平洋舰队，迫使美国不得不参战。世界大战的格局得以形成。美国及其盟国正式要求德国和日本必须无条件投降。

同盟国领先的工业基础和人力资源对战争的结果起到了决定性的作用。美国是迄今为止世界上最大的经济体，而苏联的工业设施，尤其是武器工业，也都被安然无恙地转移到乌拉尔山以东。此外，斯大林集结了数以百万计的步兵，对德军展开了一波又一波的反击。到1945年时，苏联已经向西一路挺进德国本土。1944年6月6日，英、美、加三国军队登上法国诺曼底海滩，并开始向东朝德国进发，这是史上最大规模的登陆战。与此同时，盟军的轰炸机对德国的各大城市展开空袭，不管它们是否具有军事意义，并造成了成千上万的平民死亡。

在世界的另一边，美国人把日本人赶过了太平洋，而英国人则阻止了日本企图入侵印度的野心。1945年，当苏联军队攻入柏林时，希特勒选择了自杀。5月，德国投降。日本在太平洋上上演了一系列激烈的反抗，并将最后的力量保留了下来，期待在盟军进攻日本本岛时做出更猛烈的抵抗。不过，美国人在8月6日和9日在广岛和长崎投下两颗原子弹，分别导致了7万人和3.5万人死亡。这两颗原子弹的爆炸使形势发生了根本性的改变。6天后，日本宣布投降。

美国在原子弹的研发上耗资数十亿美元，并投入了巨大的科学、技术、工业和组织资源。这充分地说明，全面战争就意味着全社会的动员，而不仅仅是适龄青年。政府的权力随之大幅提升，对经济发展的导向作用也获得了前所未有的增强。征兵范围得以扩大，女性加入到劳动中来，并在战后很长一段时间内产生着影响。此外，政府还会通过宣传和警察监控等方法，保持社会的凝聚力和士气。

我问你们：你们愿意打一场总体战吗？如果有必要的话，你们愿意打一场比我们今天所能想象到的更加全民化、更为极端化的总体战吗？……现在，人民屹立，而风暴消失。①

——纳粹的宣传部部长约瑟夫·戈培尔在1943年2月德国陷入被动后的演讲

第二次世界大战在许多方面改变了世界。军事冲突的规模远远大于第一次世界大战，对平民生活造成的伤害也更大。数以百万计的难民为了逃避战火而离开家园，试图寻找新的栖息之所。在地缘政治方面，美国和苏联成为二战后的世界超级大国，而欧洲列强的实力则被大大削弱，并在战后的二三十年间失去了绝大部分的海外殖民地。

---

① 此句为戈培尔演讲的最后一句。由于当时掌声热烈，因此关于此句的记录有两种版本，即"人民屹立"和"国家屹立"。本书作者使用了"人民"一词。

或许，二战最持久的遗产就是"全面战争"理念的常态化。自1945年来，各种外战和内战在世界各地此起彼伏，对平民的大规模杀伤成为一种战术策略，强奸也堂而皇之地变成了惩罚或镇压反对者的手段，许多儿童甚至被灌输和训练成为战士。

种族灭绝

二战中的大屠杀是人类历史上规模最大的种族灭绝运动。在特别建造的"死亡集中营"中，纳粹党人有组织地屠杀了欧洲2/3的犹太人口。

除了屠杀600万的犹太人，纳粹还造成了近40万吉卜赛人的死亡，被害者还包括大量的（具体人数不详）斯拉夫人、残疾人、同性恋者和政治犯。大约300万名苏联战俘也死于饥饿、疾病和无人照料。

种族灭绝自古有之，而且至今仍未消失。但是这种基于种族、民族、政治、文化和宗教等原因的大规模人口灭绝，在20世纪尤为突出。在古代和中世纪的世界，如果一座城市在被包围的时候仍不投降，那么城破后杀掉满城人口的情况其实并不鲜见。但是仅仅是因为意识形态或者种族的原因，就试图系统地灭杀整个族群的行为，只在20世纪出现过。类似的事件还包括：土耳其人在第一次世界大战中大规模屠杀亚美尼亚人；1971年西巴基斯坦军队对孟加拉人的屠杀，这也成为东巴基斯坦（孟加拉国）独立建国的导火索；20世纪90年代波斯尼亚塞族人对穆斯林的"种族清洗"；以及1994年的卢旺达种族大屠杀，大约100万图西族人被占大多数的胡图族人所杀。

　　在卢旺达种族大屠杀开始之前，极端的胡图族人就已经把图西族人称作"蟑螂"。这种将受害者比作虫豸的伎俩是种族灭绝中非常普遍的一种现象。比如，纳粹经常称呼犹太人为老鼠，而所有被他们杀害的人都是"低等生物"（Üntermenschen）。一旦人们开始认为受害者只是异类，或者干脆不再是人的话，那么他们就很容易被说服参与大屠杀，至少不会再觉得难以容忍。

如果有人能使你相信他的谬论，他就有能力让你犯下暴行。

——伏尔泰，《关于奇迹的问题》（1765 年）

核武器时代

落在广岛和长崎的原子弹，仿佛预示着一个全新时代的到来。在这样一个时代，城市可以在瞬间灰飞烟灭，人类也可能就此走上毁灭之路。不过事实证明，尽管美国在1945—1949年拥有核武器的垄断优势，但它并没有再次使用过它们。

在第二次世界大战期间，由于担心纳粹德国可能会研制类似的武器，美国率先开始了自己的核计划。一个国际专家小组受命开展了"曼哈顿项目"，并最终生产出投到日本的原子弹。

在冷战初期（参见第274页），拥有核武器的美国在1945年后大批裁减军队，同时又在世界各地大展拳脚。不过，这份信心在1949年结束了，因为有证据表明，苏联也研制出了自己的核武器。这个成就不仅反映了苏联在科学和技术上的进步，也证明了其在西方世界间谍网络的高效。

苏联的成功让美国人非常慌张，也促使他们决心研发出更强大的核武器——氢弹。1952年，他们在太平洋的埃尼威托克环礁上进行了第一次爆炸试验。宽达5千米、高17千米的巨大火球图片震惊了全世界，人们为此感到深深的恐惧。而第二年，苏联也完成了自己的氢弹试验。

而其他国家——先是英国，随后是法国和中国——也都造出了自己的原子弹和氢弹。然而，世界的霸主仍然是美国和苏联，它们建立了庞大的武器库。起初，核武器的打击形式是从飞机上投掷炸弹。但是到了20世纪50年代末，双方都已经开发出搭载核武器的远程导弹，能够从地面或潜艇进行发射。这些导弹的移动速度比飞机快许多，因而追踪或拦截的难度也要大得多。

这两个超级大国都积累了强大的远程武器储备。这种军备竞赛的灵感来自一个理论，即只有拥有更为强大的武力，才可以吓阻对方的攻击。这就是相互保证毁灭（Mutually Assured Destruction，即 M. A. D.）理论。它认为，假如双方都拥有足以毁灭对方的核力量，一旦有一方率先发动攻击的话，则最终双方都会被毁灭。基于这种理论制定的战略目标无一不会导致数百万人的死亡。在核阴影的笼罩下，平民们逐渐适应了不断进行紧急演习及防核爆防辐射程序的生活。孩子们甚至学会了在学校里如何使用课桌作为掩体。

这些核武器是否真的能够制止全面战争，尚不得而知。在1955年，美国总统德怀特·D.艾森豪威尔警告他的苏联对手，一旦发生核战争，整个北半球的人类将会毁灭。也正是出于对此的担心，艾森豪威尔放弃了将苏联势力从东欧赶出去的企图。现在来看，超级大国之间的争斗往往体现在代理人战争中，比如在韩国和越南。这种战争的规模相对较小，虽然所费不菲，却可以避免大国军事力量的全方位较量。不过，由于中国军队的介入，为了尽快结束朝鲜战争（1950—1953），艾森豪威尔也曾威胁过要使用核武器。类似的威胁也出现在1962年美苏之间的古巴导弹危机。当时，苏联在古巴部署了导弹，距离美国本土仅咫尺之遥。不过，最后，苏联还是撤回了他们的导弹。

我成了死亡之神，世界的摧毁者。

——罗伯特·奥本海默，负责研制第一颗原子弹的科学家。

在 1945 年目睹了新墨西哥州沙漠的第一次爆炸试验后，他引用古
印度经典《薄伽梵歌》中的句子如是说

1952年，美国在远太平洋岛礁第一次试验氢弹爆炸成功

在20世纪70年代，出于共同的利害关系，美苏双方开始核限制条约的谈判（两国之间的关系也得到初步的改善）。在最初的协议签订之后，两个超级大国之间的关系趋于冷静。而到了80年代中期，双方又相继签署了更为全面的新协议，这些也促成了冷战的结束（参见第277页）。

时至今日，人们的焦点逐渐转移到对核扩散的担忧上——其威胁在于：一些国家，甚至恐怖组织，都有可能会获得核能力。（截至目前）除了美国和俄罗斯，拥有制造核武器能力的国家名单中包括中国、法国、英国、印度、巴基斯坦、朝鲜以及尚不确定的以色列。未来的核扩散趋势是无法预料的。同样令人担心的还有细菌武器和化学武器的使用，以及将常规炸药与放射性物质相结合的"脏弹"，后者并不具备太高的技术含量。

当然，核能也可以作为一种和平的工具，比如用于发电。在一开始，核能曾被视为一种无污染、可以替代煤炭的现代化能源。然而，一系列事故的发生，尤其是1986年乌克兰（当时还是苏联的一部分）切尔诺贝利核反应堆的爆炸，使人们一度对核泄漏及核辐射的潜在危险忧心忡忡。这种恐惧在2011年日本福岛核电站因地震而受损后再度出现。现在，对核能的使用陷入两难境地，如果能够被安全地使用，核能源在环境保护方面的优势毋庸置疑。但是，这个"如果"究竟会带来怎样的问题，仍然是争论的焦点。

冷战

从1945年到1989年，国际强权政治就是指由苏联领导的共产主义集团和由美国领导的反共产主义集团之间的对峙。这种对峙体现在军事、政治、思想、文化和经济等很多方面。

冷战无处不在，甚至随着登陆月球第一人的争夺而延伸到了太空。冷战的核心是两种互不兼容的意识形态及究竟哪一方才是人类发展的最佳途径之争。共产主义理论家提出了一个由苏联主导、各国平等的模式作为发展的标准，而反对的声音则认为，共产主义本质上是极权主义，资本主义才是通往自由的真正道路。双方都固执己见：美国人担心会出现越来越多的共产主义国家，进而形成多米诺骨牌效应；而斯大林之所以要控制东欧，一方面是由于其重现沙皇时期大俄罗斯的梦想，同时也反映出希望建立一个军事缓冲区，来保护"祖国母亲"免受任何外敌侵略的需要。苏联对二战时期的纳粹入侵记忆犹新，当时人约2000万苏联公民死于战火。

第二次世界大战中，美、欧和苏联曾并肩作战，击败了纳粹德国。战争结束后，欧洲分别落入了苏联和美国及其西方盟友的控制中。在此后的40余年中，一条被称为"铁幕"的高度军事线将欧洲划分成为西欧和东欧。1945年，德国和它的首都柏林被划为军事占领区，其西部领土由西方盟军（英国、法国和美国）控制，而东部则被苏联占领。联邦德国和民主德国在1949年分别成为独立的国家，而1961年柏林墙的建造则彻底将这座城市一分为二。

在1945年2月的雅尔塔会议上，西方盟国将东欧（希腊除外）划入了苏联的势力范围。而在其他地方，比如伊朗、希腊、马来亚和菲律宾，共产党人同样试图有所作为，可惜均以失败告终。苏联的扩张，导致了1949年北大西洋公约组织（北约）的成立，一批北美和西欧国家为了对抗苏军的进逼而组成欧洲防御联盟。作为回应，苏联在1955年成立了华沙条约组织，其中包括苏联、阿尔巴尼亚、保加利亚、捷克斯洛伐克、东德、匈牙利、波兰和罗马尼亚。

在中国，毛泽东领导下的共产党赢得了1946—1949年的内战。在结束了日本占领后，朝鲜半岛被划分成南北两个国家。1950年，持续4年的朝鲜战争打响了。最后，双方签订了停战协议，但和平却未就此到来。在20世纪50年代初那个多事之秋，北美和西欧的军费开支大幅增加。

我们制造的每一支枪、下水的每一艘战舰、发射的每一枚火箭，归根结底都是从那些饥饿却没有东西吃、寒冷却没有衣服穿的人那里偷窃来的。军火的世界用掉的不仅仅是金钱，还有工人的汗水、科学家们的天才，以及孩子们的希望。

——德怀特·D.艾森豪威尔总统（1952年4月16日）

冷战中，其他地方也出现了许多对抗和冲突，从越南战争到核军备竞赛，以及发生在中东、撒哈拉以南非洲地区和中美洲的战争。虽然这些区域性的战争都有其地区性的因素，但它们或多或少都与冷战有关。在越南，尽管美国直接介入了这场日久年深的代理人战争，但依然未能阻止越共的胜利。而由此引发的一系列后果，直到20世纪70年代初才通过外交手段逐渐缓和。解决问题的关键是美国和中国之间的合作，这也标志着继20世纪60年代早期苏联和中国出现意识形态的对立后，苏联力量被进一步地削弱。

在1979年苏联武装入侵阿富汗和1981年对波兰人民改革运动进行镇压之后，美国和苏联之间的局势再度紧张起来。罗纳德·里根总统启动了大批可能导致军费支出增加的项目，比如中子弹，

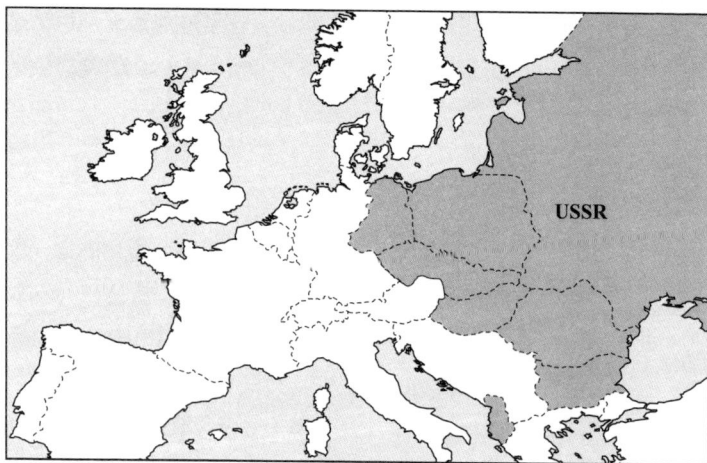

20世纪50年代苏联和它在欧洲的共产主义同盟

以及被称为"星球大战"的卫星防御系统。

不过在1985年，新的苏联领导人米哈伊尔·戈尔巴乔夫上台后，原本紧张的局势略有缓和。戈尔巴乔夫认为，苏联的经济已经显得捉襟见肘，不可能与它的对手在军事开支上周旋。然而，他的开放重组政策，却在无意中导致了1989年东欧共产主义政权的倒台，以及1991年苏联的最终解体。因为一旦戈尔巴乔夫的言论使人们发现，苏联不会继续对东欧各国的内政进行军事干预，该国的共产党政权就很难抵挡民众希望变革的压力。1989年11月，巨大的人群见证了变革的发生——随着柏林墙的倒塌，大批民主德国人拥入联邦德国。民主德国政权的摇摇欲坠为东欧各国的群众运动带来极大的鼓舞。大多数国家的政权交接是和平的——除了罗马尼亚，那里的当权者采取猛烈的手段拒绝改变，但终究徒劳无功。冷战结束了。

冷战后的世界

1991年，苏联的解体带来了一个全新的世界秩序，美国重新占据了世界的主导地位。这不仅体现在军事力量上，同时，美国模式的经济自由主义也开始被全球所效仿，即推崇自由市场贸易，放松金融管制，以及国有资产的私有化。

但是到了21世纪初，美国也遇到了非常棘手的难题。在阿拉伯世界，美国和它的盟友与一系列反对者发生着冲突。宗教激进主义者往往将恐怖主义作为一种对抗策略，最显著的例子就是2001年9月11日发生在纽约和华盛顿的袭击事件。在这次恐怖袭击中，民用客机被劫持当作武器。激进主义者利用了阿拉伯民众对所谓"西方化"的敌意，并营造出一种全球化的"西方力量"在仇视伊斯兰教的假象。美国对"9·11"事件的最初反应是在阿富汗和伊拉克发动战争，并在随后支持中东其他地区的民众暴动。但是这些手段并没有带来和平。相反，国内国外的反对声此起彼伏，这也迫使美国重新评估此前的军事和外交行为。它发现，在一个"非对称不稳定"的世界中，其主要敌人并非那些超级大国，而更可能是一些小型的武装团体。

与此同时，其他的大国正在变得越来越自信。受益于制造业的发展，中国的经济正在迅速崛起。同时，在俄罗斯，共产党统治结束所带来的动荡已经开始消退。这些力量的转移削弱了美国的实力。

其他国家的经济也在不断发展。例如，在2015年，印度的经济增长率首次超过了中国。相对美国而言，印度的经济和政治措施倾向于更少的经济自由主义和更多的社团主义[①]。

美国与其潜在对手的对抗弱化了世界其他国家之间的摩擦。不过，所有的争斗普遍存在着共性，那就是使用暴力来达到政治目的。在整个中东、欧洲和非洲，所有国家都经历过内战和国内冲突。在刚果民主共和国，自20世纪90年代以来，内战已经夺去了500多万人的生命。这场冲突的起源是激烈的种族矛盾和非洲邻国的介入，以及对稀缺自然资源控制权的激烈争夺。从这个角度上看，21世纪的世界看起来与20世纪的世界并没什么不同，军事冲突和流离失所已经成为世界上许多人的生活方式。

金砖国家

在20世纪的最后10年和21世纪的前10年，世界经济格局中出现了一些新气象，一系列国家开始发挥更突出的作用。其中最重要的是"金砖国家"——巴西、俄罗斯、印度、中国、南非，以及后来出现的"薄荷四国"——墨西哥、印度尼西亚、

[①] 社团主义是一种政治体制或倾向，即将立法权或政策制定权交付给未经过选举的社团组织或其代表。

尼日利亚、土耳其。①美国和欧洲似乎陷入了危机，而这些新兴国家的经济开始腾飞。然而，到了21世纪第二个10年的中期，中国的经济增长开始放缓，而俄罗斯则因为石油价格的下跌和武力介入苏联加盟国而受到打击等遭受了重大损失。这些事态的发展使人们对许多经济体和国家的未来产生了疑问，其中也包括了那些依赖石油经济的中东国家。

---

① "金砖国家" 的得名，是因为5个国家英文名称的首写字母 "B.R.I.C.S." 与英语中 "砖块" 一词的复数发音相同；而 "薄荷四国" 则是由于4个国家英文名称的首写字母 "M.I.N.T." 与英语中 "薄荷" 一词的拼写完全一致。

信息革命

在过去的500年里，信息的覆盖范围和容量都在急剧膨胀。每一项新技术——从早期的印刷术到大批量出版的书籍，以及通过电报、电话、广播、电视、通信卫星和计算机传播——都对世界产生了巨大的影响。

21世纪，一场新的信息革命到来了。互联网使计算机的影响力无限扩大，并可以向任何拥有手机或其他便携式设备的人传递难以想象的信息量。

其实，早在二战之前，计算机就已经投入使用。战争期间对敌军密码（尤其是德国的恩尼格玛密码）的破译需要，刺激了计算机理论和设备制造的发展。早期的计算设备用来执行专门的任务，直到1946年，美国人建造了第一台通用计算机。它是由美国军队资助的，而从那时起，军事需要的应用也推动了计算机技术的不断进步。

起初，计算机的体积庞大，且造价昂贵。直到一些新发明的出现，比如微型硅芯片，巨大的变化才得以产生。这些创新使得计算机设备变得小巧而便宜，可以满足大众市场的需要。

从20世纪70年代末起，计算机先是被广泛用于办公，随后走进家庭。互联网起源于20世纪60年代，最初是为了研究大型计算机的互联交互而开发的，而随着互联网协议群（允许计算机之间进行信息互通的网络模型）的出现，它在20世纪80年代得到了进一步发展。1989年，万维网的发明将网络开放给更多的人，而随着电子邮件的普及，对于许多用户来说，信件已经成为过去式。

通过对网络计算功能的改进，连接在一起的计算机可以构成一个统一而更加强大的设备，却无须承担超级计算机的昂贵费用。20世纪90年代出现的这项技术为后来用于连接大量计算机的"云计算"理论奠定了基础。所谓"云计算"，即通过多台计算机互联，创造出"云"来提升信息处理能力，而不需要真实的物理内存。这种技术为小型计算机的兴起提供了助力：小型化成为普及新型消费品的关键，比如手机、笔记本电脑和便携式媒体播放器。

赛博空间是一个可以打长途电话的地方，是银行帮你存钱的地方，甚至能够存储你的医疗记录。所有这一切都发生在某处。思考它的地理位置真的没有意义。信息与地理无关。

——美国科幻作家威廉·吉布森在1995年接受采访时说。他在1982年的一篇短篇小说中第一次使用了"赛博空间（cyberspace）"这个词，用以表示计算机网络中出现的"大范围交感幻象"

除了技术的进步，信息革命还需要文化和商业等多方面因素的推动。这些因素可以为技术的发展带来更多的知识和更大的财富，以及更低的生产成本。自1900年以来，在世界范围内，人类文化教育水平由低到高，逐年稳步上升。人均财富的增加也使人们更加容易获取新的设备，以及这些设备所包含的数据。这种财富的增长在中国和印度尤为明显，当然也出现在其他新技术得以广泛应用的地方，比如东非。

只需轻轻地一点，信息洪流就会奔涌而至。现在，计算能力、速度和数据存储容量都呈现指数级增长。全世界上网的人数超过了20亿人。每分钟，YouTube的用户会上传约50小时的视频，而Facebook的用户会分享大约70万条的内容。未来技术的进步可能会扩大"物联网"的发展，即通过互联网，越来越多的设备可以进行联网，从汽车到心脏监护器，甚至家用电器。与计算机相关的商品和服务的研发和销售将在经济中占据越来越多的比重，而这是10年前，人们做梦也想不到的。

互联网的控制

信息技术的普及，引发了对一系列开放获取和控制问题的新关注，特别是在互联网成为一个更加政治化的媒介之后。虚拟社区完全不需要考虑距离、国界或社会习俗，而互联网也成为人类互动的一个焦点所在，从约会到政治风潮。

有些国家希望通过加强对网络的监管和审查，来遏制这种新型自由化的趋势。与此同时，政府应对恐怖分子威胁时采取的种种措施也引发了广泛的关注——通过对电子邮件和社交媒体的监测，可以侦测出其早期迹象的蛛丝马迹。

很明显，保护公众安全与个人隐私之间的矛盾将一直持续下去。政府在想方设法地截获加密信息，而技术公司打算将这些信息提供给那些需要它的人，对于普通用户来说，则面临着如何应对这些挑战的困境。

生物科学的前景

几千年来，人类在世界各地已经改造出了无数物种。无论是多汁的苹果还是肥硕的羔羊，都是我们依据自己的需要，通过选择性的育种创造出来的。在19世纪，奥地利修士格里戈尔·孟德尔（1822—1884）通过豌豆实验发现了遗传的基本规律，从而使人们对选择性育种的科学依据有了更加清楚的认识。

孟德尔的成果很快被公众所接受，并由此改变了20世纪的农业，进而引发了一场所谓的"绿色革命"。良种的选育——同时也伴随着化肥、农药、机械化和灌溉设施的大规模使用——提高了粮食的平均产量。在亚洲，世界上人口最多的大陆，由于新的水稻品种的发明，从1969年到2007年，大米的价格以每年4%的速度下降。但即便如此，营养不良的现象仍然在发展中国家普遍存在着，不过这更多的是由于资源分配的不良，而非食物短缺。

农业科技的发展也是有极限的。在二十世纪五六十年代，苏联试图将草原开垦成农田，用以栽培棉花和小麦。然而，其庞大的灌溉工程使河流改道，流入咸海的水量因此减少，这个世界第四大湖泊的储水量一度仅剩全盛时期的10%，并造成了该地区生态系统的破坏。在许多地方，对单一物种的传播（比如为了提高产量，而在某地大面积栽种某种特定的作物）会导致生物多样性的下降，并进而引发某些害虫的灾害。化肥和农药的使用越来越多地影响到了作物、水、食物链，乃至大气环境。

作物的遗传改良也带来了一些问题。许多科学家认为，转基因可以提高作物的抗病性，或者降低对农药的需求，这会增加粮食产量，并且解决饥饿问题。虽然在很大程度上，转基因作物可能会对人类健康造成潜在影响的恐慌已经消失，但人们依旧担心，不同物种之间的基因改造是否会带来某些不可预知的后果。此外，由于转基因的研究和生产大多是由大型公司操作的，因此有人担心，他们可能会为了追寻更大的利润，而忽视普罗大众的福祉。

基因工程在人类健康中的应用也是一个值得研究和争论的问题。我们对绘制人类遗传密码的研究越来越深入，改变人体器官基因构成的技术也越来越成熟。2015 年，中国的科学家通过改变人类胚胎的 DNA，修改了引发地中海贫血症这种致命性血液疾病的基因。而近期出现的表观遗传学，研究的则是在不改变 DNA 本身序列的基础上，通过影响基因的工作模式——基因的"表达方式"来达到影响遗传变化的目的（有时伴随着环境的变化）。研究人员一直在试图揭示表观遗传因素对各种人体紊乱及致命性疾病的影响。这可能会在癌症等疾病的医疗手段方面取得巨大的进步。

对植物或动物物种的基因操纵，使那些公司可以通过工业专利，成为所有被修改后的植物和动物的所有者……一家公司可以成为某个物种的所有者。这就是工业逻辑在生活中的体现。

——法国环保政治家约瑟·博维，《世界不是商品》(2002年)

通过克隆技术，人类可以制造出与父母基因完全相同的动物。21世纪初，克隆技术的发展，给人类带来了全新的可能性和伦理困局。欧洲议会颁布了对克隆动物用于食物的禁令。克隆人更是饱受争议。生殖性克隆技术可以从克隆细胞中培育出一个完整的人类。这在许多国家中是被完全禁止的。而治疗性克隆则应用于医疗领域，通过复制个体细胞，以达到挽救生命的目的。不过这项技术同样受到一些人的抵制，他们基于伦理和宗教的原因，反对从人类胚胎中提取干细胞。

纳米技术（"纳米"相当于1/1000000000米）是另一个可能改变未来科技和医学的领域。虽然创造出和分子甚至原子一般大小的纳米机器，很大程度上仍然只存在于理论当中，但关于它的研究却方兴未艾。现在，人类已经能够制造出直径仅相当于几百个原子的晶体管，并且已经研发出了可以在纳米尺度上进行加工处理的新型材料。随着纳米技术的发展，其可能的应用范围还包括疾病诊断和细胞损伤的修复。

还有一个更加戏剧性的预期，就是通过人工植入物来恢复甚至增强人体器官。我们已经使用了一些外置设备——比如助听器，以及一些内置或替代性设备——比如人工心脏起搏器、义肢和人工耳蜗。在大脑与计算机对接的开发上同样已经取得了进展，仪器可以对人脑的感觉功能进行反映、增强或修复。"超人类主义"思想家们甚至认为，终有一天，我们能够将自己转变成具有各种先进能力和功能的人类，即"超人类生命"。

国际化、全球化与民族国家的未来

在20世纪，各国都做出了很多尝试，希望建立一个有效的国际秩序体系，以减少战争的风险，并解决其他的国际问题。早在19世纪，红十字会的成立和《日内瓦公约》的签署就标志着战时行为规范已经取得了一定的进展，而一战后成立的国联（参见第254页）则首次在建立一个泛民族组织方面做出了重要尝试。国联成立的目的在于阻止战争的发生，并在和平时期解决各种悬而未决的争端。

成立于1919年的国联在初期还是起到了一定的作用的——例如它成功化解了1922—1923年土耳其战争所造成的人道主义危机。此外，它还试图解决一些道德层面的问题：比如，在1926年它首次界定了奴隶制度，并要求成员方有条件地废除奴隶制度。但是，它在1931年日军入侵满洲和1935年意大利入侵阿比西尼亚（现在的埃塞俄比亚）时都没有采取有效的行动。在国际问题上，国联同样孤掌难鸣。某些成员方甚至无视其制裁和仲裁要求。二十世纪二三十年代裁军谈判的失败，对国联造成了最严重的打击。欧洲列强继续扩张它们的军备，而这也反过来侵蚀了国联阻止未来国际冲突的能力和信心。

第二次世界大战的爆发标志着国联的最终失败。于是，在

1943年，美国、苏联、英国和中国共同奠定了后来联合国的基础。然而，人们经常发现，联合国更像是一个应对冷战紧张局势的论坛，而不是解决问题的关键。

新成立的国际组织还包括世界银行（WB）、国际货币基金组织（IMF）和关税及贸易总协定（GATT）。它们有助于强化全球金融体系，并增加全球贸易。其他联合国机构包括联合国难民署（UNHCR）、协调国际力量共同对抗危险疾病的世界卫生组织（WHO），以及旨在保护世界文化遗产的联合国教科文组织（UNESCO）。

> 我最早的记忆是行走在一条通向山里的泥泞小路上。天在下雨。在我身后，我的村庄在燃烧。那里曾经有我的学校，它就在一棵大树下。然后，联合国的人来了。他们帮助了我、我的家人、我们所有人。
>
> ——时任联合国秘书长潘基文（2011年）

可以肯定的是，联合国已经成为各国政府讨论各自的担忧和不满的一个常规场所。理论上说，联合国的成员必须秉承国际法的概念。但联合国安理会却给予其5个常任理事国（中国、俄罗斯、法国、英国和美国）中的任何一个以决议否决权。这与其民主的初衷大相径庭，并使得在讨论危机决议时，经常由于常任理事国的特殊利益而无疾而终。

通过在海牙的国际法院，联合国成功地对战犯进行起诉，比如前波斯尼亚塞族领导人拉多万·卡拉季奇。联合国教科文组织对加拉帕戈斯群岛脆弱生态系统的保护也被证明是成功的。在许多地方，联合国都致力于减轻战争和饥荒带来的后果。当然，在某些时候，它也会遭遇失败，比如其维和部队未能阻止1994年的卢旺达大屠杀、1995年塞族军队在斯雷布雷尼察对伊斯兰教徒的屠杀，以及其他类似的暴行。

有些人会将联合国之类的国际组织视为未来的希望，但现实是，一些主要成员——比如中国、俄罗斯和美国——会根据不同的情况，选择和赞同与之利益相符的国际政策。这就意味着，在许多国际问题和冲突的处理中，仍然需要通过个别国家之间的合作来解决。

与此同时，民族国家的主权也受到了国际组织的极大挑战。各国政府的权力开始受到本国边界以外因素的诸多制约。一些国际集团——比如欧盟，最初只是自由贸易区，现在已经转化成为对成员国具有法律约束的国际组织。大多数国家都已经签署了对本国政府具有约束力的国际协议。

此外，经济全球化也使得某些大型公司凌驾于国家体系之外，进一步削弱了民族国家的实力。在某些国家，这些公司可以一边赚得盆满钵满，一边却合理地避税。而且当它们认为该国政府的政策对其利润造成损害时，可以选择拒绝继续投资（比如建立工厂），甚至干脆一走了之。

由于沟通手段的不断丰富、大众媒体的繁盛（比如电影、电视和流行音乐等），以及依托社交媒体而建立起来的有共同兴趣的跨国社区，文化也受到了全球化的影响。从长期来看，民族国家——这个相对较新的人类社会组织形式——能否继续存在，将是一个悬而未决的问题。

我们今天面临的主要挑战，是确保全球化为全世界人民做出贡献，而不是将数十亿人留在阴暗的角落。

——时任联合国秘书长科菲·安南（2000年4月）

普世人权

人权的概念至少可以追溯到启蒙运动（参见第197页）。公民具有选择的权利，他们只是为了更好地生活才服从政府的统治，这样的想法成为社会契约理论的基础（参见第205页）。也正是这样的理论激发了美国和法国的革命。在这两次革命中，革命者们都起草了关于公民权利的声明。

在1948年，联合国通过了《世界人权宣言》，并陆续发表了进一步的权利声明。在1953年，欧洲理事会使《欧洲人权公约》生效，所有成员国的公民都可以就人权问题向欧洲人权法院提请上诉。在这些文件中，都规定了个人的权利不得受到政府的干预，并且要保证公民的言论自由、公正审判、隐私、家庭生活和平等的权利。至于其他权利，比如免受饥饿和受教育的自由等，可能还需要政府采取更加积极的行动。

一些批评家——有时也被称为"文化相对主义者"——认为，普世人权的理念其实就是新帝国主义的一种具现，通过这个概念，西方的民主主义者和自由主义者将其价值观强加于世界其他地方的人们，完全忽视了当地的传统和风俗。

而反对者们则希望世界上的每个人都被平等地对待。比如说，他们可能会指出，在某些国家，对男女平等的否定或排斥，其实只是在保护父权制的权力结构，其实质和奴隶制度一样落后。

人口

20世纪世界人口的大规模激增看似必然，却也考验了资源和需求之间的复杂关系。

近几十年这一趋势最为明显。预计到2025年，世界人口将达到81亿；到2050年，则会达到97亿。之所以会出现这种前所未有的增长率，是因为婴儿的出生和成活率的提高，以及人类预期寿命的增加。这些也反映了人类生活条件和医疗水平的改善。人口的增长是指数级的：假如一对夫妇抚养两个以上的孩子，而每个孩子再哺育两个以上的孩子，那么人口的增长就会越来越快。

由于有效避孕方法的广泛传播，自20世纪中叶起，夫妇们已经能够按照自己的意愿决定家庭成员的数量。通常情况下，在教

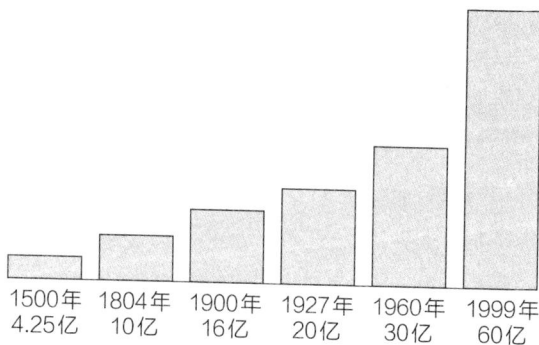

| 1500年 | 1804年 | 1900年 | 1927年 | 1960年 | 1999年 |
| 4.25亿 | 10亿 | 16亿 | 20亿 | 30亿 | 60亿 |

育水平和生活水平更高的国家，夫妇通常选择生育更少的孩子，人口的出生率和死亡率持平，有时甚至会略低。而在相对贫穷的国家，那里的人受教育的机会较少，他们往往希望子女来为自己养老送终，这样的国家人口数量通常呈现上升态势。

有些国家已经尝试实施一些控制措施：印度曾在1975—1977年强制执行过大规模的绝育手术；而中国严格的计划生育政策直到2015年才略有放松。在发展中国家，最为关键的问题就是妇女的教育：受过教育的女性，其结婚时间相对较晚，生育年龄也会随之推迟。

在出生率一直在下降或保持均衡的国家，有人担心，没有足够多的劳动力来应对人口的老龄化。比如在日本，这一直是一个主要的社会问题。而在一些接近"人口零增长"（Zero Population Growth，即ZPG）的国家，比如匈牙利和意大利，人口的增长基本上（或在很大程度上）要依赖于移民。

此前，经济学家曾预测，毫无节制的人口增长将导致粮食短缺和无可避免的饥荒。但也有许多人认为，饥荒更可能是由世界各国的结构性经济失衡导致的，而非食物短缺。然而，事实证明，当人口变得愈加庞大时——比如在过去两个世纪的西方——人们会用掉越来越多的资源。这些资源大部分是化石燃料，人们用以生产更多的电能和驱动更多的汽车，这会进一步加剧全球变暖。此外，资源的消耗还包括肉类食品的消费，这同样是一种透支土地的行为。近年来，大多数政府和经济学家都将无止境的经济增长作为人类发展的目标。但是在未来，我们可能会被迫寻找更加可持续的方式来利用我们的土地和自然资源。

人口迁移

20世纪人口迁移率的上升，是正、反两方面因素共同作用的结果。正面因素包括更加快捷方便的航空运输，以及不断改善的陆路和海上交通条件；而负面因素，则包括武装冲突及政治、民族或宗教迫害，贫穷，以及自然灾害，比如干旱和洪水。

在过去的一个世纪中，人口迁移的模式是复杂而多变的。国际人员流动往往吸引了更多的关注，特别是那些身份比较敏感的地区。其实，还有大量的人口迁徙出现在国家内部，特别是由于工业化影响，人们从农村向城市的移居活动。对于许多年轻人来说，参军入伍，无论是在战争年代还是在和平时期，大都会就此割断自己与故乡的联系。而在美国，人口迁移往往反映了经济机会和退休选择。其最主要的人口流动主要是从东北部和中西部的"锈带"地区（衰落的重工业城市）到西部和西南部的"阳光带"①，比如佛罗里达州和北卡罗来纳州。

各个国家对待移民的政策也各有不同。在中东和东非的部分地区，大片的难民营随处可见，与之形成对比的是，美国以其良好的就业环境吸引了大量来自拉丁美洲的经济移民。类似的人口

---

① 锈带，指的是原本工业发达，后陷入经济衰退的地区；阳光带，指的则是风景优美、环境宜人的地区。

流动还包括自20世纪50年代后涌向联邦德国的土耳其劳工，以及迁居到法国的葡萄牙人。到了1973年，联邦德国12%的劳动力是外籍人士。在一些富庶但人口稀少的地区，比如波斯湾国家，外国移民甚至比当地人口的数量还多。

这些迁徙而来的劳工一般不会永久地定居下来——德国人把他们称为Gastarbeiter（德语，"客籍工人"）。而与之形成对比的是，那些逃离迫害的移民却是有家难回，比如17世纪末定居英格兰的胡格诺派——他们是被路易十四从法国驱逐出境的新教徒，以及20世纪30年代，受到纳粹迫害而逃离德意志第三帝国的犹太人。

环境因素和军事冲突也在不断地刺激移民的流动。在吸收不同的人口群体和文化的同时，世界各地的民族国家也将面对越来越多的政治和经济挑战。在应对这些挑战的时候，我们必须提醒自己：我们都是人类的一员，都生活在同一颗小星球上，只是碰巧被一条叫作国境的线所分开而已。

难民

1951年，《联合国难民公约》将难民定义为由于迫害、战争或暴力而被迫逃离自己的国家的人，或具有可以证明成立的理由，由于种族、宗教、国籍、某种政治见解，或身为某一特定社会团体成员而害怕遭到迫害的人。20世纪和21世纪的战争导致难民急剧增加。仅第二次世界大战期间，难民的数量就达到约6000万。据估计，2014年，全世界的难民数量大约为3750万。而到了2014年年底，这一数字已上升到6000万，其中近2/3为国内流离失所者。大多数国家已经签署了难民公约。因此，在理论上它们有义务为进入该国国界的难民提供庇护，并予以照顾。不过，与此同时，许多国家也在努力阻止难民在第一时间到达它们的海岸线。

经济的发展

经历了第二次世界大战的浩劫之后，西方的生产和消费水平开始腾飞。所谓"长期繁荣"，指的就是1945—1973年的这个阶段。在此期间，工业和经济迅猛发展，就业率不断提高。

美国生产了大量经济耐用的消费品。这使得它成为一个大众富裕的社会，好莱坞电影和电视节目也在世界各地传播着美国生活的积极形象。在强大出口力的推动下，联邦德国、日本和韩国同样出现了极高的经济增长。科技的进步对全球的影响比过去要快得多，比如尼龙和聚酯等合成纤维的发展。制造业的增长不仅改变了发达国家，同时也在改变着发展中国家，那里的出口量增长，并且呈现多样化。

经济增长带来了财富的积累和购买力的提升。越来越多的人离开了自己的家乡，他们找到新的工作，住进新的房子，并获得更大的经济独立。这些人在不断消费商品，因为购物和时尚可以看作休闲娱乐。大量一次性的消费品取代了经久耐用的商品。收入水平的提升，为政府带来了更高的税收，这也促进了各种雄心勃勃的社会计划。

随之而来的是更加混乱的时期，世界经济在20世纪70年代中期、80年代初、90年代初，以及21世纪头10年都出现了严重衰退。

在20世纪60年代，全球性通货膨胀为国际经济套上了枷锁，这也导致了1944年建立的布雷顿森林体系的崩溃。1971年，美国出现了20世纪首次贸易赤字。1973—1974年的中东政治危机使石油价格急剧上涨，并导致了"滞胀"，即经济发展停滞。而随着通货膨胀的加剧，社会不确定性和不安情绪滋生。

不过，那些相对稳定的社会仍然保持着长期的经济增速，世界也由此变得更加富裕——至少通过商品和服务的获取度来衡量是这样的。科技创新——尤其是在个人电脑等消费领域的创新，则继续推动着全球经济的增长。与此同时，经济的侧重点逐渐转向服务领域，比如医疗保健和购物。事实上，只需要较小比例的全球人口就足以生产出足够的生活必需品，这也意味着更多的劳动力可以转移到其他领域。更多的人均财富积累也推动了服务行业的消费水平，而这则促使企业提供更优良的服务能力。

在商品和服务两个领域，都出现了重心转移的情况。在西方的工业生产中，电子产品所占比例逐步增加，而重工业和纺织业之类传统行业则有所下降。

同样出现变化的还有工业的地理分布。在1950年，世界主要的工业区分布在西欧、美国和俄罗斯西部，但从20世纪60年代起，东亚的工业总产值明显上升。起初是日本。随后，在20世纪80年代，中国开始崛起。到21世纪初，中国成为世界第二的工业大国；而到了第二个10年，尽管更加依赖于出口而非国内市场，中国仍然是世界第一大工业国——2005年，美国对中国的贸易逆差达到了2020亿美元。在与中国和其他工业大国的竞争当中，影响美国制造业的最大问题，主要体现在美国家庭平均收入多年来的停滞不前（从1989年到2014年）。相对而言，尽管在资源、科技和财富的积累方面，欧洲仍然是一个重要的经济区，但除了机床和制药等利基领域①，欧洲生产企业的薪酬水平都有所下降。

> 在这个新兴市场中……几秒钟内，数十亿的金钱就可以流入或流出一个经济体。金钱的力量变得如此强大，以至于一些观察家将热钱视为当今世界中的一种影子政府——这种力量正在无可挽回地侵蚀着民族国家主权的概念。
>
> ——《商业周刊》（1995年3月20日）

在未来的经济挑战中，人们不得不面对两个问题，即世界将如何通过有限的自然资源和环境因素来实现经济发展的目标？发展中国家将如何在国内财富和消费预期不断上升的情况下，平衡自身的经济发展？2008年的国际金融危机，其发生部分是由于银行过量的信贷和不断生成的复杂金融工具。自那以来，各国政府就将对全球金融市场的监管作为一项紧迫的任务，希望以此减轻未来的金融危机影响。

---

① 利基领域，是指根据企业优势区分出来的相对较小、竞争较少的市场。这样的市场对于企业来说有较大的盈利基础。

环境问题

20世纪60年代以来，环境政治变得越来越突出。在许多国家都成立了"绿色"运动组织和相关政党，而很多执政党也都颁布了保护环境的政策。越来越多的人承认，环境问题需要全球的共同行动。

有些环境问题已经存在了数千年，但直到20世纪末才引起人们的重视。例如，欧洲的森林砍伐开始于新石器时代的农耕开端时期（参见第91页）。随着欧洲人在世界其他地区定居，人口的压力也造成了类似的环境影响，比如为了养牛或是生产大豆和棕榈油，去砍伐大片的热带森林。在其他地方，森林同样遭到破坏，以建造水坝发电。除了是生物多样性的宝库之外，热带森林还是巨大的碳汇池，可以减少大气中二氧化碳（造成温室效应的主要气体）的含量。而自工业革命以来，由于煤和石油等化石燃料的大量使用，其燃烧所释放的废气进入大气中，使二氧化碳的含量越来越高。

一般来说，人类活动对环境所造成的损害并不局限于一国或一地。风和海流会把污染物带到世界各地。温室效应是全球性的：像二氧化碳这样的气体在大气层内累积，就像温室外面的玻璃罩子一样，使热量无法从地球散发出去。两极冰盖开始融化，能够反射阳光的冰层愈加稀少，地球也由此吸收了更多的热量，继而陷入恶性循环。北方苔原的冻土在大面积融化，越来越多的甲烷（另一种温室气体）被释放到大气中。极地冰川的融化使海平面上升，对那些人口密集的低海拔地区造成极大威胁。全球变暖还导致了极端天气的增加：日趋严重的干旱（以及荒漠化）在某些地区愈演愈烈，而在其他地方，风暴和毁灭性的洪水却时有发生。

在1992年里约热内卢的地球峰会上，全球变暖引起了广泛的关注，与会各国共同商定了《气候变化框架公约》。在此基础上，1997年出台的《京都议定书》要求主要工业国家减少其温室气体的排放数量。但是，各国在如何执行协议上很难达成一致意见。作为主要的污染源之一，一些新兴工业化国家，认为自己不应承担和那些工业发达国家（例如欧洲和北美诸国）同样的义务。2001年，美国——其排放量在20世纪90年代急剧上升——拒绝核准《京都议定书》。不过，在2015年巴黎的一次国际会议上，各国同意采取进一步的措施来限制全球变暖[①]。

此外，其他形式的空气污染也会带来严重问题。酸雨会损害树木、河流和湖泊。它是由燃煤发电站和其他工业过程中排放的二氧化硫和氮造成的。这些化学物质与大气中的水分相结合，形成浓度较淡的酸性水蒸气（主要为硫酸和硝酸），再以降雨的形式落到地面。在20世纪末，斯堪的纳维亚地区的湖泊和森林都受到了酸雨的严重破坏，而造成这一结果的主要原因，居然是其南部的德国等地区的工业活动。为了解决这个问题，人们采取了很多行动。例如，通过安装过滤装置，来减少发电站的废气排放量。

---

① 此处所说的会议即巴黎气候变化大会。在会上，约200个国家同意签署《巴黎协定》，共同控制气候变暖。而在2016年杭州G20峰会上，中国和美国都同意加入《巴黎协定》，后美国退出。

雅加达的一个垃圾填埋场

使用无铅汽油和汽车尾气转化装置，能够起到减少酸雨的作用。但是，这些汽车排放出来的尾气却会加剧人类罹患心肺疾病的危险性。为了减少这些污染，一些城市——比如巴黎和德里——在某些特定的日子里禁止司机开车上路。此外，还有一些气体微粒同样会对人类的健康构成威胁，比如，火力发电站和柴油机排放出来的废气、建筑业的扬尘以及焚烧作物残留而产生的烟尘等。截至2015年，仅在欧洲每年就有超过40万人死于城市空气污染。

消费社会①也产生了越来越多的垃圾，其中大部分都不能通过生物降解，有些甚至是有毒的。海洋微表层的污染（通常是由丢弃的瓶子所造成）被证明对于很多海洋生物都具有很大的伤害性。石油钻井平台或者油轮的泄漏也会造成极大的灾难。淡水水体及其相关的生态系统同样受到了人类活动的影响，比如垃圾处理设

---

① 消费社会是相对于生产社会而言的，是指产品相对过剩，需要鼓励消费以便维持、拉动、刺激生产的社会。

施的不足以及化学肥料在农业中的滥用。诸如食物残渣之类的人类生活垃圾，正在成为老鼠、狐狸等动物（在某些地方，甚至是北极熊）的主要食粮，它们很乐意到我们的垃圾箱中觅食。

> 也只有在本世纪的时间内，一个物种才会获得足够的力量来改变自然世界的本质。
>
> ——瑞秋·卡森，《寂静的春天》（1962年），第一本关注化学
> 农药对自然世界影响的书

人类活动也改变了许多非人类物种的生存环境，再加上无节制的狩猎，从而导致近几个世纪以来生物灭绝率极高。与此同时，还有一些非人类物种在我们的干预下兴盛起来，特别是那些出于实用或者装饰目的，被人类盲目引进的"外来物种"，比如甘蔗蟾蜍、兔子、杜鹃、葛藤、灰松鼠等——它们都会严重破坏当地的生态平衡。

如果从整个星球历史的角度，以及更大的时代背景来看，人类的角色至关重要。现在，越来越多的科学家认为，我们正处于一个全新的地质年代。他们将之称为"人类世"（Anthropocene，源自希腊文"anthropo"——"人类"和"cene"——"新的"）。这是一个人类活动会对地球生态系统和地质环境造成全面影响的时代。有人认为，这一时代始于几千年前农业活动的开始；还有一些人认为，它始于大约200年前的工业革命；而其他人则提出了一个更近的起始点：1945年7月16日，第一枚原子弹测试爆炸的那一天。

人类的未来

人类总会忍不住想知道未来是什么样子，无论是为了自己，还是为了他们的后代。世界各地的宗教都给出了各种不同的答案。印度教认为世间永恒存在，而每个人的灵魂在其中不断地轮回。而其他的宗教——比如基督教——则认为，在未来某个特定（但不可知）的时间，世界将被终结，接下来的则是永恒的沉寂。这时，好人会去天堂，而恶人则被投入地狱。

然而，在今天，许多人更希望透过科学家们的预测和模拟来推测我们自身和我们这个星球的未来。而关于气候变暖，及其对地球生活将产生何种影响的争论则成为人们关注的焦点。2015年11月，世界气象组织表示，当年将是有记录以来最热的一年，而人为排放是造成这一结果的主要原因。2016年2月，全球平均气温比1951—1980年同期的平均温度高约1.35摄氏度。2015年的高温大部分是由厄尔尼诺现象引起的，这是一种太平洋表层水温异常变暖的自然气候现象；而事实上，当年的厄尔尼诺也是有记录以来最强的一次。

在世界范围内，国家和人口之间矛盾的利益关系，使得各国很难在气候变化，以及其他重要问题上达成共识。在许多地区，不断增加的人口数量给环境带来很大压力。石油等资源的争夺已经引发了大量的冲突。尽管化石燃料的燃烧会导致全球变暖，但石油仍然是全球经济的重要因子，并影响着亿万人的生活方式。除非我们付出更多的努力去研发新的可再生性能源，否则石油储备的最终枯竭可能会对我们许多人的生活方式造成巨大的破坏性影响。

　　未来，淡水等其他自然资源同样有可能引发冲突。例如在中东，幼发拉底河与底格里斯河一直是伊拉克和叙利亚的重要水源，但是上游的土耳其为了灌溉和发电而兴建的水利大坝，严重地限制了两国的用水。到目前为止，有关的国家还没有达成一项水资源共享协议。此外，即使是国家内部，不断上升的用水量也在消耗着地下天然的含水层。在印度旁遮普邦，20世纪60年代以来的水稻大面积种植，导致其地下水位严重下降。工业制造业对地下水的抽取也是印度和其他国家面临的一个日益严重的问题。在20世纪90年代的澳大利亚，在墨累–达令河流域的棉花和水稻种植导致地表盐分的渗出，进而造成耕地面积的重大损失。类似的事情同样发生在千年之前的古代美索不达米亚。

　　就我所知，未来全在你们的手中。

　　　　　　　　　　——美国小说家沃尔特·莫斯利（1998年）

　　除非人类在全球范围内更有效地合作，否则针对稀缺资源的争夺和冲突只会导致越来越多的战乱。如果任由全球变暖持续下去，世界上的许多地方将由于洪水泛滥或者沙漠化而变成死地。这也将导致大量难民的流动。未雨绸缪，才是解决问题的最好方式。

如果全球继续变暖，农业生产或许会有崩溃的可能性，而由此产生的粮食短缺则可能会导致地球上人类的灭绝。当然，人类的生存也许还会面临其他不可预测的风险。某些更加极端的情况——比如大规模的核战争——可能会在一瞬间杀死许多人。而即使某种生物在大爆炸和辐射中幸存下来，它们也无法活过随后出现的核冬天：大气中弥漫着如此厚重的烟尘微粒，以至于在随后的几年时间里，阳光都无法照射到地面，这会杀死食物链中大多数的植物。类似的情景可能会在一颗巨大的流星或彗星撞击地球时出现，或者是由像黄石火山这样的超级火山喷发所致。

在许多科幻小说的结尾，作者经常会幻想我们的世界被其他外星生物入侵。不过，虽然我们在宇宙观测方面的能力已经大大地提高，甚至还在太阳系的其他行星上发现了水，但外星人仍然是一个相当遥远的幻想。相比外星生物入侵来说，对我们造成更大威胁的是致命疾病的大规模传播，这很有可能会导致人类的灭绝。这些危险的潜在威胁包括：新型流感病毒、埃博拉病毒、黑死病的死灰复燃、艾滋病病毒的变异、极端耐药性的结核菌、生化武器的泄漏，以及其他我们从未听说过的疾病。

世界上有很多物种已经消失了，因此，完全有可能在未来的某一天，我们也会面临灭绝的绝境。即使我们能够长期地存活下去，但在大约10亿年之后，太阳会变得极度炎热，蒸发掉地球表面所有的水分。到那个时候，地球上所有的生命都将灭亡。

　　而在大约50亿年后，太阳的体积会膨胀到和其他恒星一样的大小，成为天文学上所谓的红巨星。这种扩张将吞噬太阳系中的所有内行星，包括地球。

　　　　大地因此黯然神伤，"自然"从座位上发出叹息，通过万物表示灾难将及、一切终将逝去的悲哀。

　　　　　　　　　　——约翰·弥尔顿，《失乐园》章九（1667年）

　　我们尚处于太空探索的初级阶段，谁也不能肯定，我们能否在太阳系各行星之间自由迁徙。不过，只要太阳仍在散发热量，并且不断膨胀，人类的生活就依然会继续——假如我们还没有灭绝的话。

宇宙的命运

　　宇宙将如何终结？一种可能性是，它最终将随着时间、光和空间的崩溃而发生内爆。根据这种理论，从宇宙大爆炸开始的宇宙膨胀会耗尽所有能量，并最终收缩回其最初的形态。

　　这个过程被称为大坍缩，这可能会导致另一场大爆炸——或许只是一个难以想象之长的周期中最新的一次爆炸。此外，根据推测，如果宇宙中不存在足够引发重力坍缩的物质，熵可能导致"宇宙的热寂"①。热寂的过程会消耗掉宇宙中所有的能量，只留下一片永恒的寒冷和死寂。

　　而在最近，根据一系列引力效应的观测，宇宙学家提出，宇宙质量中超过5/6的部分可能是由一些他们称之为"暗物质"的东西构成的——这是一种具有质量，但仅靠目前的技术无法观测到的物质。这将使宇宙的理论质量远远超过迄今为止的其他学说。同时，它也令大坍缩发生的可能性大大提升。

　　与此相反，对遥远的超新星的观测表明，宇宙最边缘的部分不仅正在离我们而去（正如大爆炸埋论所预示的），其速度也在不断增加。而此前，物理学家们曾预计，宇宙原有的膨胀势头将会放缓。这种加速的原因目前尚不清楚，但科学家们已经提出了一

----

① "熵"是热力学中表示体系混乱程度的一种参量，根据热力学第二定律，孤立系统中的熵永不减少。而在将宇宙视为一个孤立整体的基础上，由于能量从有序到无序，热力差消亡，最终宇宙中所有能量都会被彻底稀释掉，其温度降到略高于绝对零度的水平，宇宙中再没有任何生物可以存在。

种神秘的"暗能量",通过其反重力的作用,可能导致宇宙无限膨胀下去。继而,这又引发了对宇宙终结的另一种可能性的猜测:一次"大撕裂"。在这个过程中,宇宙中的所有物质,无论大小,最终都被解体成基本粒子和辐射线。

在思考宇宙的尽头方面,人类还面临着一些明显的哲学困难。首先,到目前为止,尚没有任何一种假说得到证明——无论其数学建模有多么细致。它们都建立在现有观察结论的基础上,而这些结论一直在被修改,而且还将持续下去。其次,对于人类的大脑来说,思考宇宙本身就是一个难题。因为宇宙是"一切存在的总和",在这个前提下,我们根本无法想象它的不存在。我们可以看出,探寻宇宙的开端和终结,本身就是一个充满误导性的隐喻,它依据的只是人类对所有生物"出生—存在—死亡"这一过程的经验。甚至可能存在着许多的平行宇宙,而我们只是身处其中之一罢了。只不过,对于一种有意识的存在来说,想要对其他平行空间有任何直观的认识是不可能的。

研究一个比人类历史更加久远的历史,可以为我们带来极为震撼的认知,感慨于人类的出现是多么偶然和短暂。我们每个人的存在,都只是人类生存史上渺小的一个片段。而人类这一物种的存在,也只是太阳系历史的一小部分。太阳系的存在,相对于宇宙的历史来说同样微不足道,它只是在银河系诞生之初的混沌时期,由一系列特定的力和物质,以某种方式偶然结合而产生的。

从某种意义上来说,能够尽可能多地了解宇宙和我们这个星球的历史,这是一个了不起的成就。但是我们也不得不承认,人类永远也无法洞悉我们生活着的这个宇宙的一切故事。